50歳からは、好きに生きられる

枡野俊明
Shunmyo Masuno

PHP文庫

まえがき

50代というのは、人生の中でもっとも楽しく輝く時期だといえます。

これまで積み重ねてきた経験もあります。

楽しいことだけでなく、辛（つら）いことや苦しいこともたくさん経験している。

その経験は必ず心の糧（かて）として蓄えられています。

少しだけ家族や仕事から解放され、自分次第で何でもできる可能性がある。

まだまだ夢を叶えることは十分にできます。これまでの人生でやり残したこと、やりたかったことに再び挑戦することもできます。

自由自在に自分の人生を歩いていくことができる。まさに50代というのは、人生における「自在期」なのではないでしょうか。

本書は、50代の人に向けて書かれたものです。

私自身も50代に比較的近い年齢ということもあり、まさに同世代の人たちの心のゆらぎも理解できます。

僧侶という立場ではありますが、共にこの時代を生きる者同士として、少しでも勇気と喜びを分かち合えればと願っています。

「余生」という言葉があります。人生の中の余った時期。

しかし、人生に余りなどありません。生きている限り、それを輝かせていく。一生懸命に今という時間を生きること。

その積み重ねが人生を豊かなものにしてくれるのです。

大切なのは、50代という素晴らしい時代を、まっすぐに前を向いて歩くことです。

合　掌

建功寺方丈にて　枡野俊明

50歳からは、好きに生きられる　目次

第1章
50代は、一度しかない黄金の十年間

第2章
50代だからこそ、自由に生きられる

第3章 50代は好きなことをすればいい

第4章 捨てて、手放して、もっと人生を身軽にしよう

第5章 あなたにしかできない役割は何ですか？

第6章 後悔や不安とのつきあい方

この作品は、二〇一四年八月にPHP研究所より刊行された『50代を上手に生きる禅の知恵』を改題し、再編集したものです。

編集協力　綱中裕之
装　　丁　白畠かおり

第1章

50代は、一度しかない黄金の十年間

寄り道を楽しむ余裕をもつ

人生の道のりを歩いている。それは一本道のように見えますが、実はそうではありません。

歩いている道の脇（わき）には、いくつもの門があるものです。その門の扉を開けて、一歩その中に入ってみれば、そこには新しい世界が広がっている。だからこそ人生は楽しいのです。

40代までは、おそらくは周りの門の存在に気がつかないかもしれません。やるべき仕事が目の前にあり、家族のために走り続けなくてはいけない。とても周りを見る余裕などないものです。いわゆる「脇目も振らずに」自分に与えられた道を進む。しかし50代になれば、少し寄り道を楽しむくらいの余裕をもつことです。

周りにある門とは、それほど大げさなものではありません。趣味の門もその一つです。これまでやりたいと思ってはいたものの、なかなかできなかった趣味というのもあるでしょう。

バイクに乗って、遠くまで旅をしたいと思っていても、なかなかその時間がとれない。海外に行って釣りをしたいと思っても、金銭的にも余裕がない。いつかやりたいと思いながら、結局はやれずに終わってしまうことが人生にはたくさんあります。それはもったいないことだと私は思います。

初めから諦めるのではなく、まずはその門の扉を開けること。一歩だけでもいいですから、その門の中に入ってみることです。

「自分には趣味がない」と言う人がいます。まったく何も趣味がない人。はたしてそんな人がいるでしょうか。趣味がないということは、すべての物事に興味がもてないということ。そんなことは生きている限りありえないことです。「おいしいものを食べたい」というのも一つの趣味ですし、「散歩をするのが日課」というのも立派な趣味です。小さなことをきっかけにして、もう一歩だけその世界に入ってみることです。

50代というのは、寄り道を楽しむ時代でもあります。一本道だけの人生ではなく、ときに寄り道をしながら歩いていく。これまで開けなかった門の扉を開けて、その世界をちょっと覗(のぞ)いてみる。面白そうであればもっと奥に進めばいいですし、つまらなければ引き返してくればいい。そんな寄り道をしながら楽しむ心をもつことです。

寄り道を楽しむために大切な心持があります。それは、物事を善悪やプラス・マイナスに分けて考えないということです。

40代までは、つい何事もプラス・マイナスの二者択一で考えてしまいます。仕事が成功するか失敗するか。会社の中で評価されるかされないか。儲かるか損をするか。自分にとってプラスになるかマイナスになるか。

ついそのような発想をするために、プラスにならないものはいっさい排除しようとします。寄り道などしていたら、たちまち評価されなくなってしまう。面白そうだと思っていても、それが何の得にもならないと分かれば、その門を開けることをやめてしまう。それは仕方のないことでもあるのでしょうが、あまりにも損得ばかりにとらわれることで、人生の道幅を狭めることになるのです。

考えてみれば、プラスになるとはどういうことなのでしょうか。売上が上がったり、成果が出たりすることはたしかに会社にとってはプラスになります。会社にいる限りは、それに向かって努力をすることは当たり前です。しかし自分自身の人生を鑑(かんが)みるとき、会社にとってのプラスと、自分にとってのプラスは一〇〇％一致するものでしょうか。一致すると思い込んでいるだけではないでしょうか。

なにも仕事を適当にやるということではありません。会社にいるときには、一生懸命に会社に利益を生むよう努力しなければならない。ただし、それがすべて自分自身の人生の道ではないことを知ることです。

会社の評価がすべてではありません。仕事の損得がすなわち人生の損得ではない。それはまったく別の物差しで測るべきことなのです。

50歳を過ぎたら、自分だけの物差しをもつことです。これまでの一本道から少しだけ外れて、ちょっと脇道に入ってみること。それは逃げていることでも、仕事を拒否することでもない。自分の人生を豊かにすることだと私は思っています。

50歳を過ぎてから、大学院に通い始めた男性がいます。若い頃から古典文学が好きで、理想をいえば大学院に進んで学者になりたかった。しかし大学院に行くだけの余裕がなかった。また、大学院に行ったところで、古典文学で家族を養うことは難しいでしょう。そしてその男性は、文学とはまったく関係のない食品メーカーに就職しました。

50歳になるまで、ひたすら営業マンとして働いてきた。子供たちも独立し、会社の仕事にも余裕がでてきた。そこで彼は、夜間の社会人大学院に通うことを決めたのです。50歳を過ぎて大学院を卒業したとしても、それから学者になることは難しいでしょう。会社を辞めて古典文学で食べていくこともできないでしょう。学費がかかるだけで、経済的に得をすることなど何一つありません。

それでもその男性は、大学院に通い始めてから、心からの充実感を味わっていると言います。将来を心配することもない。損得や評価などを考えなくてもいい。そんな環境で学ぶ古典文学は、若い頃とは比べ物にならないくらい楽しいと言うのです。

きっとその男性は、もう一つの物差しを見つけることができたのだと思います。

そう考えれば、50歳という年齢は、新しいことを始めるのに最適な環境ともいえるのです。

こんなことをやっていて食べていけるだろうか。もっと評価される方法はないだろうか。そんな余計なことに頭を悩ませずに、ただ純粋に自分のやりたいことができる。家族や会社に迷惑さえかけなければ、何をするのも自由です。どの門を開けてもかまわない。

これまで必死になって、一本道を歩いてきた。寄り道をすることなく、会社や家族のために尽くしてきた。そのご褒美をもらうのが50歳からです。「寄り道」という人生のご褒美。それを思う存分に楽しむことです。

50歳からの発心

私たち僧侶は、世間でいうところの年齢とは別に「法齢」というものをもっています。それは僧侶として生きてきた年齢です。

仏の道に入りたい。修行を積んで僧侶への道を歩んでいきたい。そう心に決めることを、仏教の世界では「発心（ほっしん）」と呼んでいます。この発心をして得度（とくど）したときが「法齢」ではゼロ歳ということになるわけです。

たとえば50歳で発心をして得度をすれば、その人が60歳になったときの法齢は10歳。この法齢はとても大事なもので、私ども僧侶は正式な書類には必ず「年齢」と「法齢」の両方を記すことになります。

ちなみに私が発心をして得度をしたのは12歳のときでした。いかに歴史あるお寺の住職の息子として生まれても、10歳になるまでは発心して得度をすることができません。それは、親が子供の気持ちを強制してはいけないという考えに基づいているからです。自分で判断できない幼い頃に、その子の人生を決めてはいけない。判断力がつく10歳を超えてから発心をする。それが決まり事になっています。

つまり発心するというのは、周りから強制されるものではない。あくまでも自分の意思によってなされるものでなければならないのです。

さて、私が本格的に雲水（うんすい）（禅宗の修行僧）として修行に入ったのは26歳のときでした。雲水として修行を始めるには、それでも遅いほうだったかもしれません。高校を卒業したばかりで修行に入る雲水もいます。ところがその修行仲間の中に、54歳の男性がいました。

仏門で与えられた名前は「鐵鑑（てつかん）」さん。

鐵鑑さんは大手電機メーカーの技術部長をされていた人です。当時の定年は55歳。鐵鑑さんは定年の一年前に仏門に入る発心をしたのです。詳しいことは知りませんが、若い頃から僧侶になりたいという気持ちがあったそうです。その気持ちを抱えながらも、家族を守るために一生懸命に勤めてきました。

54歳になり、子供たちも独立していった。それなりの蓄えもできた。まだ定年まで一年はありますが、それを待つことなく修行に飛び込んできたのです。家族も温かく送り出してくれたそうです。

やっと発心が叶えられた鐵鑑さんですが、実際の修行は想像以上に辛いものです。もちろん雲水を指導する僧侶たちも、鐵鑑さんの息子のような年齢です。その年下の僧侶に怒鳴られるわけですから、さぞ戸惑いを覚えたでしょう。周りの仲間は若い人ばかり。ついていくのに必死でした。

たとえば毎朝の大本山總持寺での長廊下の掃除などは、若い者にとってでも大変です。一〇〇メートル以上もある長い廊下を、何往復も雑巾がけしなくてはなりません。鐵鑑さんは息を切らしながら雑巾がけをしていました。修行中の雲水は、みんなが共に行動をしなければなりません。誰か一人が遅れても、それは全員の責任になります。互いに助け合う心を身につけるためです。

私たちは、できる限り鐵鑑さんのフォローに努めました。

体力が必要なことは、できるだけ若い人が多くやる。鐵鑑さんが遅れれば、さりげなく待つようにする。みんなで鐵鑑さんを支えながらの修行生活でした。そして修行が進むに従い、皆の中に厚い信頼関係が生まれていったのです。

若い人に交ざって、一人54歳の人がいる。もちろん足手まといになることもありますが、それ以上に鐵鑑さんは皆の心の支えになっていました。人生経験が豊かな鐵鑑さんの言葉に、幾度となく救われる思いがしたものです。修行中にぺちゃくちゃと喋ることはありませんが、それでもふと見せる鐵鑑さんの優しい笑顔に、若い人たちはどれほど助けられたか分かりません。

修行を終えて、それぞれが別のお寺に散らばっても、私たちの信頼関係はずっと続いています。なかなか会うことはできなくても、私の心にはいつも鐵鑑さんの温かな笑顔がありました。鐵鑑さんはもう亡くなられていますが、きっと皆の心には鐵鑑さんとの思い出がしっかりと刻まれていると思います。

自分が26歳のときに出会った54歳の鐵鑑さん。その出会いは私の人生にとって素晴らしいものになりました。

50歳を過ぎてくると、なかなか若い人たちの輪に入る勇気がもてません。何か新しいことを始めようと思っても、周りが若者ばかりだと躊躇（ちゅうちょ）してしまう。

たとえばダンスを始めたいと思っても、ダンス教室は若い人ばかり。そんなところに行くのは恥ずかしい。そう思って諦めてしまう人もいるでしょう。こんなオジサンが行っても、周りは迷惑をするのではないかと。

しかしそれは考えすぎです。もしも新しく何かを始めようとするのなら、それは皆が同じスタートラインに立つこと。20歳の若者でも、50歳のオジサンでも、スタートラインは同じです。そこに年齢の壁などあるはずはない。同じゼロ歳からのスタートなのです。

たしかに20歳の若者とは、同じようにはできないかもしれない。身体も同じようには動かせませんし、覚えも悪くなっていきます。しかし、それをカバーできるほどの知恵や経験は備わっている。進み方は遅くとも、楽しみ方は若い人より知っている。自信をもって、新しい輪の中に飛び込んでみることです。

50代という年齢は、まだまだいろいろな発心ができる年齢です。体力もありますし、積み重ねてきた経験も豊富です。それを武器にすれば、若い頃にはできなかったようなことでも可能になってくる。

年齢を言い訳にする人は、結局は強い発心をもっていない人です。それは、人生をとても無駄にしていること。何かを始めるのに、遅すぎるものは何もないと私は思っています。

夢をもつことに意味がある

歳をとるにつれて、どんどん可能性は失われていく。新しい夢などもてなくなってくる。そんなふうに考える人がいますが、それはまったく違うと私は思います。

もちろん現実的には、50歳を過ぎてからプロ野球選手になることはできないでしょう。いくら努力してもそれは無理なことです。あるいは冒険家の三浦雄一郎さんのように、80歳になってエベレストに登頂できる人など、ほんの一握りにすぎません。普通の登山愛好家ができることではない。しかし、エベレストに登りたいという夢をもつことは誰にでもできます。

いつかはエベレストに登りたい。そんな夢を抱きながら、毎日足腰を鍛える。少しずつ高い山を目指し、一歩一歩夢に向かって歩いていく。その中にこそ人生の喜びは宿っているのです。結果としてエベレストにたどり着かなかったとしても、そんなことは関係ありません。夢に向かって歩くことこそが、人生を充実させてくれると私は思っています。まして50歳という年齢は、まだ体力も気力も十分にあります。どんな夢ももつことができるはず。それを最初から放棄してしまうことは、自らが幸福を放棄するのと同じことではないでしょうか。

「どうせ」と口癖のように言う人がいます。「どうせ、そんなことはできない」「どうせ、無理に決まっている」「どうせ、自分にはできない」。この「どうせ」という言葉が、どれほど人生にマイナスの影響を及ぼしているかに気づいてください。何もせずに最初から諦めてしまうことが、どれほどもったいないことかを知ってほしい。

「どうせ」と言うのではなく、「もしかしたら」と口にすること。「もしかしたら、やれるかもしれない」「もしかしたら、自分にもできるかもしれない」。その言葉を口にしたとき、夢や可能性は自然と広がっていくのです。

年齢を重ねるということは、さまざまな経験を積むということです。それは素晴らしいことではありますが、一方でその経験が足かせになることが多くあります。自分ができることとできないこと。それを経験値ですぐに判断してしまう。自分のこれまでの経験から判断して、その夢がけっして叶わないことだと決めつけてしまう。そんな早とちりが「どうせ」という言葉につながっていくのです。

やってもいないのに、どうしてできないと思い込んでしまうのでしょう。どうして自らの手で夢や可能性を潰してしまうのでしょう。人生には必ず終わりがやってきます。それは二十年後なのか十年後なのか分かりません。もしかしたら、すぐにでも終わりの日が来るかもしれない。そんな限られた時間を、「どうせ」という一言で済ませてはいけません。

夢というのは、叶えることだけが目的ではありません。もちろん夢が叶えば、それに越したことはありませんが、たとえ叶えられなかったとしても、夢に向かって歩くこと自体に意味があるのです。そして、歩き続けるからこそ、そこには可能性が生まれてくる。初めから諦めてしまえば、可能性など生まれるはずはありません。

この世の中に、可能性がゼロというものなどありません。ゼロだと決めつけているだけで、いかなる可能性もゼロではない。それは一%かもしれないし二%かもしれない。本当に少ない可能性かもしれない。それでもすべてのことに可能性はあります。なぜなら今、私たちはこうして生きているからです。生きているということは、すなわち可能性をもっているということ。私はそう信じています。

夢をもつことは、人間にとってもっとも大切なことの一つだと思います。もっといえば、まったく夢をもたずに、はたして人間は生きていけるのでしょうか。

夢や希望を閉ざされた状況を、私たちは絶望と呼びます。ときとして絶望感に襲われることもあるでしょう。しかし、その絶望さえ、私は心が生み出す錯覚にすぎないと思っています。生きている限り、すべての望みが失われることなどありません。たとえすべてを失ったように思っても、命があります。その命が続いている限り、人間には夢と希望をもつ力が備わっています。

夢をもち続けてください。夢に向かって歩き続けてください。小さな夢を叶えてこの世を去っていく。それはとても幸せなことでしょう。しかし、叶えることだけが幸せなことではない。叶わなかった大きな夢を抱きながら旅立っていくこともまた、幸せなことだと私は思っています。

転機を楽しむ

人生には、さまざまな転機が訪れます。結婚をして家庭をもつことも転機です。会社の中で上のポジションになったり、あるいは別の仕事を与えられることもあります。場合によっては転職をしたりということもあるでしょう。自分にとって良い方向に行く転機もあれば、望まない転機もあります。転機というものは誰にでも訪れるものですし、そこから逃れることはできません。

さて、この転機を考えたときに、それは自分の意思ではどうしようもないと捉える人がいます。自ら望まなくても、周りの環境が変わってしまう。それは自分の力の及ばないところにあると。

たしかに周囲の環境が変わることは自分ではコントロールできません。経済状況の変化や、会社での人事異動などは自分ではどうすることもできない。

自分にとって望まない転機が訪れたとき、多くの人はそれを仕方なしに受け入れようと考えます。

言いかえれば諦めの境地になってしまう。給料が下がったのは自分のせいではない。新しい部署に異動させられたのは自分が失敗をしたからではない。特に50代という年齢は、いわゆるマイナスの転機が訪れることが往々にしてあります。

たとえば望まない仕事に配置転換をさせられた。そんな仕事などしたくないとは思いますが、定年まであと数年だ。少し我慢していれば無事に定年退職まで会社にいることができる。そう考えて日々を送る人を責めたりはしません。しかし、その考えはとてももったいないと私は思います。

人生はたった一度しかありません。50代という時期もたった一度しかない。その一度しかない時期を、後ろ向きな気持ちで生きることは、その後の人生に後悔を残すことになります。もっと積極的な気持ちをもって、目の前の転機に立ち向かっていくことです。

転機を諦めの気持ちで受け入れるのではなく、それを真正面から受け止めることが大事なのです。

たとえば50歳を過ぎて、新しい仕事を与えられたとします。つい「もうこの歳から新しい仕事を覚えるのは無理だ」と考えてしまう。初めから諦めて、仕事を覚える努力をしようとしない。その上、妙なプライドがありますから、年下の部下から教わるのも恰好(かっこう)が悪いと思ってしまう。

そんなふうに考えるのではなく、新しい仕事を楽しむ気持ちをもつことです。仕事の種類は数限りなくあります。自分がこれまでやっていたものだけが仕事ではありません。たとえ同じ会社にいても、仕事の種類ややり方はたくさんある。未だ経験したことのないような仕事がたくさんある。その新しい仕事をやらせてもらえるのですから、これはラッキーなことだと思います。

50歳になって新しい世界と出合うことができる。こんな素晴らしいことはありません。それもお給料をもらいながらやらせてもらえるのですから、非常に恵まれた立場にいることを知ってください。

また、50歳まで仕事をしてきた人たちには、それまで培（つちか）ってきた多くの経験があります。仕事の進め方も身についていますし、人間関係のノウハウも熟知している。まったく新しい仕事であったとしても、そこは新入社員とはまったく違う視点で取り組むことができるものです。

そういう意味で転機というのは、自分の心のもち方次第で変わっていくものです。訪れた転機が良い方向に向かうのか、悪い方向へと向かってしまうのか。それを決めるのは自分自身の受け止め方次第だと思います。

「日日是好日（にちにちこれこうにち）」という禅語があります。これは、毎日が善き日であるという意味ではありません。人生の中には善き日もあればそうでない日もある。嬉しいことが起きる日もあれば、嫌なことが起きる日もあります。人生はその繰り返しです。

しかし、たとえ嬉しいことが起きた日も、辛く苦しい思いをした日も、人生の中では同じ「一日」なのです。その「一日」は二度とやってくることのない大切な一日です。その一日の大切さに目を向けること。

今日という日を「好日」にするのは、その日に起こったことではありません。その日に出会った人によって左右されるものでもない。今日が善き日であったかどうかを決めるのは、あくまでも自分自身の心なのです。

転機もまた、これと同じだと思います。たとえ自分にとってマイナスであるかのような転機が訪れたとしても、それを受け止める心次第で良いものに変えていくことができる。訪れた転機から逃れることは難しい。だとすれば、受け止め方を変えていけばいいのです。「あのときは苦しいという思いもあったが、結果としてはいい転機になったな」と思えるときが必ず来ます。

50代からは、転機を楽しむくらいの余裕をもつことです。まだまだ柔軟な頭が50代にはあります。その上に積み重ねてきた経験もある。この二つの武器さえあれば、いかなる転機も楽しむことができると信じてください。

二度目の旅を楽しむ

50歳を過ぎると、そろそろ仕事にも時間的な余裕がでてくるでしょう。休日等もしっかりと休みがとれるようになる。子育てからも少し解放されますから、自由になる時間が増えてくるものです。

そこで、夫婦や友達と旅を楽しむという人も増えてきます。騒がしい日常からふっと抜け出し、別の世界に身を置くことは、心身共にリフレッシュされます。

さて、そうなったときにどこに行くのか。ずっと行きたいと思っていた場所や、はじめての場所には心が惹かれます。ところが長く会社勤めをしていた人たちの中には、仕事で日本中を駆け回ってきたという人もいるでしょう。特に営業職の人たちは、旅そのものが仕事にさえなっています。ほとんどの場所は行ったことがある。目新しい場所などもう日本にはないと。

たとえば妻から北海道に行こうと言われても、北海道には行ったことがある。これまで仕事で三回も行ったと言う。そうであるならば九州はと言われても、そこも何度となく行っている。観光地にも行き飽きたと。そんなことを言っていれば、どこも行くところがなくなってしまいます。

行ったことがある。やったことがある。食べたことがある。そうした経験が増えていくことで、すべてを知っているかのような錯覚をもってしまいます。これは人生を楽しむ上でマイナスにこそなれプラスにはなりません。

たとえ仕事で行ったことのある場所でも、再び訪れることで、また別の魅力が発見できたりもします。同じものを食べても、仕事中に食べる味と、夫婦や友達とゆっくりと食べるのでは、まるで味わいが変わってくるものです。一度目にはない感動もそこにはあります。

「一期一会（いちごいちえ）」という有名な禅の言葉があります。まさに一つの出合いとは、人生の中でたった一度きりのものです。たとえ同じ場所に旅をしても、春に行くのと秋に行くのとでは、出合う風景はまったく違っている。気温も違えば、風が運んでくる匂いも違う。そこで出会うお店の人も違うものです。

そうした一瞬をしっかりと楽しむこと。その一瞬こそが人生であることに目を向けることです。「一期一会」の心持をもつことで、何度同じ場所に行ったとしても、いつもその場所は輝きを放つものなのです。

今の世の中には情報が溢（あふ）れています。情報が溢れていることで、上辺（うわべ）だけの世の中になっているような気がします。行ったこともないのに、テレビで見ただけで行ったような感覚を抱く。各地の名産品が映れば、どうせこんな味だろうと、食べてもいないのに納得してしまう。頭でばかり考え、心と身体で感じることが少なくなってきました。

特に歳をとるにしたがって、蓄えられた情報は増えていく一方です。頭だけで考えれば、どんな経験もしたように思ってしまう。すべてのことを知っているかのような錯覚に陥ってしまう。そしてその錯覚こそが、好奇心を失わせる原因になっているのでしょう。

好奇心が豊かな人というのは、とにかく自分で身体を動かそうとします。やりたいと思えばすぐにやってみる。行きたいところがあればすぐに行動に移す。本当の喜びや楽しみは、自らが行動することでしか生まれません。想像したり、頭であれこれ考えるだけでは、楽しみは見つかるはずはないのです。

もう一ついえば、過去の経験と今のものを比べないことです。たとえば十年前に泊まった旅館に再び泊まったとします。そのときに、やたらと比べたがる人がいます。「十年前のほうが料理がおいしかった」「十年前と比べてサービスが悪くなった」などなど粗探しばかりをしている。これでは一緒に行った人も嫌になります。

十年前と今を比べれば、変わっていて当たり前です。建物も古くなれば、女将(おかみ)さんも代わっているかもしれない。周りの風景だって変わっているでしょう。

そして何よりも、自分自身が変わっているのです。その変化にいちいち目を向け、粗探しばかりをすることで、結局は楽しさが半減してしまいます。もっと、今という瞬間を楽しむことです。

私は二度目の旅を勧めています。かつて行ったところに、もう一度行ってみる。そうすることで、これまでの時間の流れを感じることができるからです。

かつての旅館と今の旅館を比べるのではなく、かつての自分と今の自分を比べてみることです。

そこには必ず変化を遂げた自分自身の姿があります。良く変わったところもあれば、失ったものもあるかもしれない。自分がこれまでに何を得て、何を失くしてきたのか。二度目の旅はそれを教えてくれる。

夫婦で旅をすれば、お互いのことがまた見えてくるでしょう。そこには二人が共に歩いてきた道も見えてきます。二度目の旅が、次の人生へのスタート地点になることもあるのです。

みんなキャリアをもっている

キャリアという言葉を聞くと、つい尻込みをする人もいるでしょう。起業したり、大きな仕事を成功させたり、あるいは難しい資格を取得したりと、少し遠い存在のように捉える人もいます。しかし、初めからキャリアをもっている人などいません。初めから自信のある人などいない。皆、一生懸命に努力をしながらコツコツと積み上げていく。それがキャリアというものです。

そういう意味では、50歳の人は必ず何か積み上げてきたものをもっている。社会で仕事をしてきた限り、キャリアがまったくない人などいません。ただし、自分が積み上げてきたキャリアに対して、自信をもっている人ともっていない人がいます。

「私は三十年間、営業しかやってきませんでした」。そんなふうに自信なさげに言う人がいます。一方で「私は三十年間、営業一筋でやってきました」と堂々と言う人もいる。一見すると同じキャリアのように見えますが、実はそこには大きな差があるものです。

「営業しかやったことがない」と言う人は、その裏に「他のことはできません」というマイナスの気持ちが表れている。「営業一筋です」と言う人の言葉には「営業ができるのだから、他の仕事もやれる」という自信が漲っている。これはとても大きな差です。

どうしてこのような差が生まれるのでしょうか。多くの人が、望むと望まざるとにかかわらず組織の中で生きています。会社や役所などの組織、あるいは自営業であっても、業界の組織の中で生きている。組織の中で生きるということは、すなわちある程度敷かれたレールの上を歩いていくことです。組織に属している限り、勝手にレールを外れるわけにはいきません。指示された仕事をこなし、組織の方針には従わなくてはいけない。それは仕方のないことでしょう。

しかし、その組織の中でも、自分のキャリアに自信がもてる人ともてない人がでてきます。どうして差がでてしまうのか。一言でいえば、自分が主体となって生きているかどうかで変わってくるのです。

自分の人生は他の誰のものでもありません。主体となるのはあくまでも自分自身です。人生を主体的に生きること。これこそが禅の基本的な考え方なのです。

人生を主体的に生きている人は、たとえレールが敷かれていたとしても、ただその上を走っているだけではありません。自分の手で新しいレールを敷こうと試みたり、レールの下に敷かれた枕木を自分でつくろうとしたりする。つまり、常に新しいものを生み出そうという努力をしているのです。

営業しかやってこなかったと言う人は、ただ先輩から受け継いだ営業のやり方を受け継ぐだけです。自分で考えることをせず、言われたことだけをやってきた。そうではなく、常に新しい方法を模索し、自らの力で営業をやってきた。少しでも自分がレールを敷いてやろうと思いながら仕事をしてきた。その自信が「営業一筋」という言葉につながっていくのです。

会社の中で敷かれたレール。ただそのレールを走っているだけではいけません。考えてみれば、レールが敷かれているということは、誰かがそのレールを敷いているということです。であるならば、レールを走るだけの人間になるよりも、敷く側に回ること。そういう気持ちで仕事に取り組むこと。それが主体的に自分の人生を生きるということにつながっていくのだと思います。

自分が主体となって仕事をしてきた人は、必ず社会で求められることになります。定年退職してからも、そういう人を社会は放っておきません。私はその見本のような男性を知っています。

仮にAさんとしましょう。Aさんはある中小企業のメーカーで、営業職として仕事をしてきました。65歳で無事に定年退職を迎えたのですが、まだまだ仕事をしたいと思い、マンションの管理人をすることになったのです。

もちろんそんな仕事ははじめての経験です。初めのうちは分からないことだらけで、とにかくマニュアル通りに仕事をこなしていました。時間通りに廊下の掃除をし、決められた通りに水まきをしていた。住民たちにも、型通りの挨拶をしていました。

そうするうちに、もっと住民たちに喜んでもらう方法があるのではないかと考えるようになったと言います。廊下の掃除にしても、さらにきめ細かくやるほうがいい。水まきにしても、ただ漫然とまくのではなく、節水も心掛けながらやるほうがいい。住民たちの顔と名前もすべて覚え、温かな挨拶を心掛けるようにしていったのです。

一年もそんな工夫をしているうちに、住民たちの評判が本社にも入るようになりました。Ａさんという管理人さんは素晴らしい。できればずっといてほしい。そんな声がどんどん大きくなっていった。その評判を聞いて、本社からＡさんに依頼が来るようになります。新しく入ってくる新人に、管理人としてのノウハウを教えてくれないかと。Ａさんはその依頼を快く引き受け、自分が休みの日に指導に当たるようになったのです。

その指導がまた評判となり、とうとうAさんは本社に呼ばれることになったのです。本社の研修部で指導係を頼みたいと。

素晴らしい話だと私は思いました。そうです。まさにAさんは主体的に人生を生きているのです。もしも管理人なんて誰にでもできる仕事だなどと考え、適当に仕事をしていたら、おそらくは数年で職を解かれていたでしょう。

しかしAさんは、それまでの営業職の経験を生かしながら、自らの手で新しいレールを敷いていった。営業職であれ管理人業務であれ、仕事の基本は同じだと思います。その基本のキャリアを十分に生かして、Aさんは新しい仕事の扉を開いたのです。

数年後にキャリアを聞かれたとき、きっとAさんはこう答えるでしょう。「会社では営業一筋でした。そしてその後は、管理人一筋でやってきました」と。

本当のキャリアとは、自らの心のもちようで育てるものなのです。

第2章

50代だからこそ、自由に生きられる

終の棲家を決める必要はない

「終の棲家」という言葉があります。自分が生を終えるときまで暮らす土地。旅立つときに床を延べる家。自分は一生ここにいる。そんな場所をもっていることで、何ともいえない安心感があるものです。

人間の心は、ついそんな場所を求めてしまいます。

生まれ育った土地や家でずっと生きてきた。そしてそこで生涯を閉じる。かつての日本はそれが可能でした。世界は広くはなかったですが、自分の居場所がしっかりと根付いていました。ある意味では幸せな時代だったかもしれません。

ところが現代では、生まれ育った土地を離れる人がとても多い。地方に生まれ育っても、大学進学や就職などにより都市部での生活になります。特に男性の多くはそんな環境に置かれています。出身は九州でも、会社が東京にあるためにずっと東京で暮らしてきた。東京の女性と結婚して、子供たちの故郷は東京になっていく。

縁もゆかりもない土地に長く暮らしてきた。家を建て、何十年も暮らした街だが、ずっと家と会社の往復だけだった。自分が住む街には知り合いもいない。はたしてここが自分にとっての「終の棲家」なのであろうか。定年退職を前にして、ふとそんなことを考える男性がたくさんいます。

定年を迎えたら、生まれ育った九州に帰りたい。故郷に住めば、懐かしい友もいる。またあの空気の中で暮らすことができる。不思議なもので、人間の心の中にはいつも故郷の風景が宿っているものです。

何十年も経てば、町も人も変わっています。それでも故郷の駅に降り立ったときに感じる空気には、どこか懐かしさが漂っている。何ともいえぬ懐かしさが頬をなでる風の中にあるものです。身体は故郷と離れても、心は離れることはできない。そんな不思議な心が故郷にはあるような気がします。

定年後には故郷に戻りたい。そんな願いをもって家族に話をする。ところが妻は大反対です。妻にとって夫の故郷は遠い存在です。知らない土地で新しい生活をすることなどできるはずはありません。子供たちにとっても同じことです。特に都市部で育った子供にとって、地方はけっして魅力的な場所ではないでしょう。友達と離れ離れになってまで父親についていこうなどとは思わない。それが現実です。

それならば自分だけが故郷に帰って暮らそう。そう決心できる人はいいのでしょうが、なかなかその決心は難しいものです。歳をとれば妻に頼ることも多くなる。いくら故郷には友人がいるといっても、やはり一人暮らしは寂しい。結局は故郷に戻ることを諦め、縁もゆかりもない今の場所を終の棲家とする。そんな決心をせざるを得ない人も多いと思います。

私は思います。終の棲家がどこになるか。そんなことを今、決める必要はないと。ただ安心感を得るために、無理をして決めようとする。その心はやがて不満を生んでしまいます。常に故郷に帰りたいという気持ちを抑えながら生きることは、けっして幸せなことではありません。

もっと自由な気持ちで、終の棲家と向き合ってみることです。

私の寺のお檀家さんで、70歳になって故郷に帰った男性がいます。定年を迎えてからは、やはり家族の反対もあって東京で暮らしていました。ところがその男性が70歳になったとき、いきなり「故郷に帰る」と家族に宣言したのです。今の家は妻と子供に渡して、自分は故郷で小さな家を構えるという。さすがに家族は心配をしましたが、本人は平気な顔で言ったそうです。「まあ、一人でやっていけなくなったら帰ってくるよ。お前たちもときどき遊びに来ればいい」と。

とても自由な心だと私は思いました。考えてみれば、夫婦だからといって一緒に暮らさなくてはいけないということはありません。妻が無理をしてついていく必要もない。子供にはそれぞれの人生があるのですから、家族みんなが自由に生きていけばいい。狭い国土なのですから、どこにいようが一日あれば行くことはできるでしょう。家族が行ったり来たりしながら暮らしていけばいい。そんな時代になったのかもしれません。

さらにいうなら、「終の棲家」や故郷にさえもこだわりをもたないことです。たしかに生まれ育った故郷は安心できる場所でしょう。しかし、そこだけがすべてではありません。

「大地黄金（だいちおうごん）」という禅語があります。黄金に輝く場所は必ずどこかにある。そこに行きさえすれば幸せになれる。人々は黄金の大地を目指して進みます。しかし、そんな場所はどこにもありません。遠くから眺めれば黄金に輝いていた場所でも、いざその場に立って見ればすっかり色褪(あ)せた風景が広がっている。黄金に輝く大地というものは、どこかにあるものではなく、自分自身がつくっていくべきもの。自分の心掛けや生き方次第で、今いる場所が黄金に輝いてくる。

「大地黄金」とは自身の心の中にあるもの。それがこの言葉の意味するところです。

「終の棲家」もこれと同じです。それはどこか特定の場所にあるものではなく、自分の心がつくり出していく場所なのです。いつまでも夫婦二人で生きてゆきたい。そう思う夫婦にとっては、二人一緒にいる場所のすべてが「大地黄金」であり、二人が暮らすその場所こそが「終の棲家」なのです。

心の余裕と時間の余裕は別のもの

30代から40代にかけては、多くの人たちが忙しい日々を送っているものです。目の前の仕事に忙殺され、休日にも仕事のことが頭から離れません。身体は休んでいても、心は休まることがない。仕事ばかりでなく、家庭生活にもさまざまな変化が表れてきます。子供の成長に伴って生活のリズムは変わってきますし、親として考えなければならないことも増えてきます。

とにかく心が休まる暇がないという時期でしょう。

もちろんその忙しさの中には、楽しみや充実感もたくさんあります。忙しいことがすなわち悪いことではありません。それでも、その忙しさの中に埋もれ切ってしまうと、いつしか自分が見えなくなってくることもあります。自分のやるべきことや、人生の方向性さえも見失ってしまう。そうなる前に、50代に入ったら、意識して心に余裕をもつようにすることです。

50代になったからといって、生活や仕事が劇的に変わるわけではありません。相変わらず仕事に追われる日々を過ごしている人も多い。子供が大きくなるにつれて、抱える問題も大きくなってくることさえあります。そんな状態で、心に余裕をもつことなど無理だと思う人もいるでしょう。

さて、ここで考え違いをしてはいけないのは、時間的な余裕がすなわち心の余裕ではないということです。余裕というと、どうしても時間的なものを思い浮かべる人が多い。仕事にも家庭生活にも時間的な余裕が生まれてきた。そこではじめて精神的な余裕も生まれてくる。多くの人はそう勘違いしている。心の余裕とは、自らがつくり出していくものです。私がいつも提案しているのは、自然と触れ合うということです。

都会に暮らしていても、自然の営みはそこここに見ることができます。毎朝、駅まで向かう道には、季節の移り変わりを感じさせる自然がたくさんある。小さな一輪の花が咲いている。空を見れば夏が近づいていることも分かる。頬をなでる風が春の訪れを感じさせてくれる。そんな身の回りの自然に目を向けること。たったそれだけのことで、心の中には余裕が生まれてくるのです。

会社への行き帰りの電車。ずっと携帯電話を眺めている人がいます。若者ばかりでなく、中高年の人にも増えてきました。何を見ているのかは分かりませんが、それは電車の中でまで見なければならないものでしょうか。それほどまでして知った情報が、どれほど役に立つのでしょうか。そんな姿を見るたびに、とてももったいない時間の過ごし方をしているなと私は思ってしまいます。

せっかく会社から離れたのですから、もっと心を自由にさせてあげることです。

夕暮れの風景を車窓から眺めてみてください。毎日同じ電車に乗っていても、見える風景は昨日と今日とでは違うものです。空の色も風の匂いも夕焼けの色も、すべてが移ろいでいる。その自然の移りゆく姿を見ることで、ほんの一瞬心が穏やかになるものです。あれこれと頭で考えることをやめて、五感を使って自然の風景を眺めることです。

もしも車窓からの風景が見えなければ、じっと目を半眼にして、呼吸を整えてみてはいかがでしょう。おへその少し下あたりに、丹田と呼ばれる場所があります。その丹田に意識を集中させて、ゆっくりと呼吸をしてみる。不思議なことに、それだけで心がスーッと軽くなるものです。

実はこの丹田呼吸というのは、私たち僧侶が坐禅を組んでいるときの呼吸法なのです。ほんの三十分、そんな時間をもつことで、心の余裕は生まれてきます。少なくとも、携帯電話を触っているよりもずっと、心は穏やかになるはずです。

50歳を過ぎれば、自らが心の余裕をつくり出すことです。仕事の量は同じでも、それに向き合う心のもち方を変えることです。あれこれと頭で考えすぎるのではなく、少しの余裕をもちながら仕事に接していく。ノウハウやキャリアは十分に備わっているのですから、必ずできるはずです。身体はてきぱきと動かしながらも、心はゆったりと構えている。そんな姿にこそ、後輩はついてくるのだと思います。

自然に目を向けること。どうしてそれが大切なことなのか。少し仏教の話をしたいと思います。

この世に起こるすべてのことは、自然の計(はか)らいによってなされています。春が来れば花が咲き、秋になれば木々は実をつける。梅雨の時期には雨が降り、冬には雪に包まれる。これは今も昔も変わりません。数千年もの間、自然の営みは繰り返されています。その永遠に変わらないもの。それを真理と呼んでいるわけです。

そして私たち人間も、その自然の中で命を授かっています。「ちょっと、心臓の動きを止めてみてくれませんか」。そう言われて心臓を止めることはできません。心臓を動かしているのは自分自身だと思っていますが、実はそうではありません。人間の意思を超えた、大きな存在によって私たちは生かされている。それは大自然の営みと同じ。人知を超えた何かが森羅万象を動かしている。そこには人間の計らい事など通用しない世界があります。

大自然に日を向けるということは、すなわち真理に目を向けることと同じなのです。少し抽象的な表現になってしまいましたが、要するに自然に目を向けることで、人間の存在がちっぽけなものであることに気づく。今抱えている悩みや苦しみが、たいしたことではないと気づくことだと私は思います。

人生には、どうしようもない流れがあります。その流れを変える術を人間はもっていません。流れに逆らうのではなく、流される余裕をもつことです。

「忙中閑あり」という言葉があります。どんなに忙しい中にも、少しの閑は必ずあります。どんなに仕事に追われていても、静かに呼吸を整える時間は必ずあります。忙しい時間と時間の隙間には、必ず空白の時間が存在している。その時間を自分自身で見つけ、忙中の閑をつくり出していくことです。

忙しさを言い訳にするのは簡単です。忙しさに埋もれるのも簡単なことです。安易な忙しさに、無為に流されてはいけません。心に余裕を生み出せるか否かで、50代からの生き方は大きく変わってくるものです。

「自己実現」の意味

書店でビジネス書のコーナーなどに行くと、そこには「自己実現」という言葉がたくさん並んでいます。とても魅力的な言葉で、多くの人がそのタイトルに心惹かれているようです。

では、この「自己実現」とはいったい何なのでしょうか。おそらく一般的に解釈されているのは、仕事上に関してではないでしょうか。会社の中で自分自身の目標をしっかりともち、その目標を実現させるために一生懸命に努力をする。自分はこんな仕事をしたい。そしてこんな成果を出したいと。それが実現したときに、きっと「自己実現」が達成されたと感じるのでしょう。

あるいは会社や上司からその目標を与えられることもあるでしょう。「君の会社での役割はこれだ」「君が達成すべき目標はこれだ」と。与えられた「自己実現」に向かって努力をする。これもまた一つの生き方だと思います。

しかし、仏教で考える「自己実現」は少し意味が違います。人間は本来、生まれながらに「仏」をもっています。それは清廉で汚れのない美しい自分です。「仏性（ぶっしょう）」という言い方をすることもあります。現実社会に流されながら生きている自分と、揺らぐことのない確固たる自分の中の仏性。その二つを常に意識することこそが、人間としてのやるべきことだと説いているのです。

禅語の中に「把手共行（はしゅきょうこう）」という言葉があります。共に手をとりながら人生を歩いていくことを意味しています。では誰と手をとり合って歩いていくのか。それは今いる自分と、生まれながらもっている「本来の仏」「心の中にある自己」。二人の自分が手をとり合うということなのです。

四国のお遍路さんは、「同行二人（どうぎょうににん）」という文字を笠に書いて巡礼をします。これは実際に二人で行くことではありません。その一人は自分。そしてもう一人は心の中にいる弘法大師や観音様なのです。

たとえ一人で歩いていても、いつももう一人の自分の存在を感じている。お遍路の巡礼とは、いうなれば本来の自己との出会いの場なのです。

私たち禅僧は雲水修行中、毎日の坐禅を欠かしません。この「坐禅」という字にも深い意味が隠されています。「坐」という字を見てください。上に「人」が二つ並んでいます。これは自分と、もう一人の自分を表すもの。二人の自己が土の上に坐って対峙（たいじ）している。これが「坐禅」の意味するところです。

かつての坐禅は字のごとく土や石の上に坐ってなされていました。自然の中に身を置き、静かに自分自身を見つめていた。それがやがては屋根のある場所でなされるようになってきます。そこで屋根を表す「まだれ」がつき、「座禅」という文字に変わっていったのです。

さて、自己実現に話を戻しますが、仏教でいうところの自己実現とは、このように生まれもった本来の自己を見出し、その自己に正直に生きることです。たとえば、本来の自分というのはとても優しい存在で、他人を傷つけるようなことは絶対にしない。たとえ自分が損をしても、誰かのために役立つことを望んでいる。ところが、実際の社会にいれば、その自分を否定せざるを得ない場面にも出くわします。

仕事をしていく上では、他人を出し抜いてでも成果を収めなくてはいけない。自分が自己実現を達成することで、誰かが傷つくことも十分に承知している。本当の自分を隠しながら、社会的な役割を果たそうとすることもあります。

会社や上司から与えられた自己実現という使命。それに疑問を抱いたとしても、やはりそれに向かって努力をしなければなりません。つまり、本来の自己をどこかで誤魔化しながら仕事をしている人もたくさんいます。

組織で仕事をしている限り、それも受け入れなければならないものです。特に40代までは、やはり自己実現の中心は仕事の中にあるものです。それが受け入れがたいものでない限り、もう一人の自分を置き去りにしながら生きている。そんな時期を通ることもまた、人生の道のりにはあるものです。

しかし、50歳を過ぎれば、そろそろもう一人の自分を大切にすることです。

自分が本当にやりたいことは何なのか。はたして自分はこの仕事の中で本来の自己実現ができるのか。もう一人の自己と対峙しながら、これからの人生を考えることです。

何も我儘(わがまま)勝手に行動するということではありません。いきなり会社の方針にそむくことでもない。ただ、外から与えられた自己実現に埋没するのではなく、客観的に自分の周りを見るということなのです。

これまで受け入れてきたたくさんの仕事。その中には、やはり受け入れがたいものもあったでしょう。できることならやりたくないと思うような仕事もあったはずです。しかし今までは、そんな仕事でも拒否することはしなかった。もう一人の自分の姿を消しながら、強引に納得させようと努めてきた。そんな苦しさから、少しだけ自分を解き放つことです。

誰かを傷つけたくないと思うのなら、もう無理をしてやる必要はありません。与えられた自己実現が自分の方向とは違うものであれば、もうそれにとらわれる必要はない。これからの人生は、自分の力で方向を示さなくてはいけない。なぜなら、会社から与えられている自己実現は、会社を去った瞬間に消えてなくなるからです。

そこではじめて気がつきます。今まで向き合ってきたものは、「自己実現」ではなく「他者実現」だったことに。

もう一度言います。本来人間は、生まれながらにして清廉な仏をもっている。欲望や執着心を捨て去って、その清廉な自己に目を向けることです。その自分の中にある仏こそが、これから歩くべき道を示してくれるのです。

一人の時間をつくる

人は皆、社会の中でそれぞれの顔をもっています。会社に行けば課長という顔がある。家に帰れば父親という顔がある。たとえ気を許した友人の中にいても、そこには自分が演じるべき顔がある。もちろん、それらもまた自分自身であることは間違いありません。

しかし、私たちには「もう一人の自分」というものが必ずあります。社会で見せる顔とは別に、自分の心の中にある自分がいる。社会的なしがらみから解き放たれた本来の自分。それを仏教では「主人公」と呼んでいます。「主人公」とは映画や小説で使われるような意味ではなく、それは「本来の自己」という意味を表すものなのです。そして禅僧たちは、この「本来の自己」に出会うために修行を重ねているのです。

自分という人間はどんな存在なのか。自分が本当にやりたいことは何なのか。自分自身の本音や真実はどこにあるのか。ふとそういうことに心を馳せてみる。それはとても大切なことです。40代までは、忙しくてとてもそんなことを考える暇もないでしょう。社会で与えられた「自分」を演じることで精一杯。そして、それこそが「本来の自分」であると信じているものです。

しかし社会でもっている顔は永遠には続きません。課長の顔は定年になればなくなりますし、父親という顔さえ子供たちが独立していけば薄れていくものです。それはけっして悪いことではありませんし、誰もがどこかで意識していることでしょう。

だからこそ50歳を過ぎれば、「もう一つの自分」を探すことを始めなければいけないのです。自分の本当の姿をしっかりと見据えることが、その後の人生を豊かに生きられるかどうかを決めます。「本来の自分とはこうだ」と思えることで、自分の人生を歩むことができる。過去の顔に執着することなく、新たな顔をもつことができるのです。

「もう一人の自分」に出会うためには、一人になる時間をつくることです。会社や家族や友人から離れ、一人で自分自身と対話をする時間。そんな時間をもつことです。

一つの方法として、私はお墓参りを勧めています。もちろん住職という立場ではありますが、ただそれだけではありません。お墓の前に一人佇(たたず)んで、亡くなったご先祖様に手を合わせる。もしもそこに両親が眠っているのであれば、両親に向かって話しかけてみる。

「父さん、自分の生き方はこれでいいんだろうか？」「母さん、自分はこれからどう歩いていけばいいんだろうか？」。お墓に花を供えながら話しかけてみる。もちろん答えが返ってくるわけではありません。それでも、その時間の中には、きっと「もう一人の自分」と出会える瞬間がある。

お墓参りとは、亡くなった人を供養するだけの場ではありません。そこは、自分自身と対峙する場でもあると私は思っています。

お墓参りができなくても、一人になれる場所はいくらでもあるはずです。会社からの帰り道に、近所の公園に寄ってみてもいい。少し遠回りをして川辺に出てもいい。長い時間でなくてもいい。たとえ一〇分でもかまいませんから、一人きりになる時間をもつことです。

会社の中で同僚に囲まれていれば、会社の顔しかでてきません。家に帰れば、父親としての顔にしかなりません。そしてそこには必ず、何らかの感情が存在している。喜怒哀楽という感情の波にのまれている。その感情の波から抜け出し、いっさいの喜怒哀楽を捨て去った自分と対峙すること。非常に難しい心持ではありますが、たとえ一瞬でもそういう心をもつことで、見えてくる自分があるものです。

私たち僧侶が理想とする生活。もっとも美しいとする生活。それは隠遁生活です。実際に名僧といわれた西行や良寛さんも隠遁生活を営んでいました。山の中に一人で籠り、本来の自分自身と向き合っていた。いわゆる「山中の山居」です。

ただし、それは現実的にはなかなかできるものではありません。そこで千利休が考え出したのが「市中の山居」というものでした。つまり、あわただしく動いている市中に身を置きながらも「山居」の状態をつくろうとしたわけです。ですから利休は母屋から離れた静かな場所に茶室をつくったのです。

この「市中の山居」を実践してみてはどうでしょう。

わざわざ山に籠らなくても、日常生活の中に一人でいられる場所をつくってみる。公園のベンチでもいいし、近所のお寺でもいい。できれば自然を感じる場所で一人になることです。

ほんの少しの間、抱えている人間関係から自分を解き放ち、自分が「主人公」になってみる時間。50歳を過ぎれば、そろそろ社会の顔とは別の自分を探し始めることです。

目標はぼんやりでいい

日本人は几帳面（きちょうめん）で生真面目な性格をもっていますから、ついきちんと物事を進めようとします。目標をしっかりと決め、それを達成することに最大限の努力をする。仕事にしてもしっかりと予定を立て、確実に実行しようとする。それは素晴らしいことでもあります。

これは仕事に限ったことではなく、人生設計に対しても几帳面に考えます。40歳になるときには課長になっていたい。50歳までにはこれくらいの貯金をしていたい。定年になればこれくらいの退職金が入ってくるから、それで家のローンを返せるだろう。そして老後の人生はこんな場所で暮らそう……と。

もちろん夢や目標をもつことは大切なことです。50歳を過ぎてからもさまざまな目標があればこそ人生は豊かなものになってくる。ただし知っておかなくてはいけないことは、人生は予定通りには行かないということです。もしも人生が予定通りに行くものであれば、人生はとても楽なものであり、またつまらないものでもあるでしょう。

あまりに自らの明確な目標にこだわっていると、それが叶わないときにがっくりとなってしまいます。40歳には課長になっている。その通りになれば幸いですが、それが叶わなければ、まるで人生が終わってしまうような気さえします。もう自分の会社人生は終わってしまったと。

会社人生が終わることなどありません。努力をする限り、仕事は終わることはない。諦めてしまった瞬間にそれは終わってしまうのです。

50歳を過ぎると、何となくこの先の人生を考え始めます。その多くは定年後の生活というものです。60歳で定年退職をしても、それからの人生はまだまだ続いていくだろう。平均寿命が男性でも80歳くらいなのですから、まだ二十年は生きることになる。いったい、いくら貯金があればいいのか。そしてその長い時間をどのように過ごせばいいのか。

あれこれと考えることはいいのですが、生真面目な日本人はつい明確な予定表を記そうとします。

65歳までは再就職をして仕事をしよう。それからは自然の多い場所に引っ越して、農業をしながら暮らしていこう。日々の生活費はこれくらいに抑えていこう。などなど事細かに予定表に記していく。まるで会社の進行管理の仕事のように。

しかし、人生はそんなに単純なものではありません。再就職ができると決まっているわけではないですし、どこかに引っ越すにも妻がついてきてくれるとは限らない。まして農業がうまくできる保証などどこにもない。お金にしても、思わぬ出費があるかもしれない。まして、自分が80歳まで生きられるかは、誰にも分からないことでしょう。

もう少し、ぼんやりとした目標を立てることです。五年後にはだいたいこんな感じで生きてみよう。十年後にはできればこんなことをしていたい。もしも二十年も生きていれば、それこそ儲けものだ。それはそうなったときに考えればいい。そんな分かりもしない未来に気をもんでいるより、今という時間を大切に生きることです。

そして何よりも大切なことは、やはり心身共に健康でいることです。いくら80歳まで長生きできたとしても、どんなにたくさんの貯金をもっていたとしても、身体が丈夫でなければ人生は輝きません。楽しみにしていた海外旅行をすることはできない。せっかく自然豊かなところに引っ越しても、健康でなければ農作業すらできない。

未来の目標に目を向けることよりも、まずは現在の暮らしに気を配ること。

規則正しい生活を心掛け、欲望を少しずつ減らしていく。食事は腹八分目に抑え、余計な物欲ももたない。そんな生活を心掛けることで、本当に豊かな未来が開けてくるのだと思っています。

明確な目標は、ときとして人生の中に輝きを放ちます。40歳にはこうなっていたい。その目標が叶ったときには、大きな喜びに包まれます。しかし、その輝きは長くは続きません。光はやがて眩しさを失い、再び輝きを求めるようになる。若い頃はそれでもかまいません。しかし、50歳からは、いたずらに輝きを求めないことです。

一瞬の輝きを求める時代から、ぼんやりとした明かりを求める時代に入っていく。ぼんやりとした明かりは、一瞬の輝きこそありませんが、確実にいつまでも自分の足元を照らし続けてくれる。それはけっしてマイナスのことではないと思います。

50歳を過ぎた頃から、人生は緩やかな下り坂に入ります。それは避けることのできないもの。長い長い下り坂を歩いていくためには、足元を照らす明かりがなくてはなりません。その明かりは、何百メートル先まで照らさなくてもいい。ほんの少し先まで照らしてくれればいい。

まさにそれは、仏教で教えるところの「脚下照顧（きゃっかしょうこ）」なのです。自分の足元をしっかりと見つめ、等身大の自分と向き合っていく。ぼんやりとした未来に向かって、一歩ずつ丁寧に歩いていく。ゆっくりゆっくり、ぼんやりとした目標に向かって歩いていく。きっと足元には、小さな幸せの種が落ちているはずです。

結婚に縁がなかったと言う人

男性も女性も、結婚をしない人たちが増えています。生涯未婚率は上昇する一方だと聞きます。したくてもできない人。あえて結婚を望まない人。さまざまな理由があるでしょうが、やはり結婚に対する悩みを抱えている人が多いことは確かでしょう。

私の寺のお檀家さんの中にも、息子さんが50歳を過ぎても結婚しないと嘆く人がいます。聞いてみれば、息子さんは大手建設会社で働くエリート社員です。

一流大学の建築科を卒業して、多くのプロジェクトを任されています。ODAなど政府が関わる仕事が中心で、ほとんどを海外勤務で過ごしてきました。日本に戻ってきても、半年もすればまた海外に出される。その結果として結婚の機会を逸したというわけです。

いわゆる結婚適齢期になっても、周りの環境のせいで結婚ができない。職場には対象となる異性もいませんし、仕事に追われてそれどころではない。要するに縁がなかったと嘆く人がたくさんいます。もちろんそれぞれに事情があることは分かりますが、人間の縁というのはそういうものではないと思います。

職場に結婚の対象になる人がいない。異性と知り合う機会が少ない。たしかにそういうことはあるでしょうが、それと縁とはまた別のものだと思います。つまり、縁というのは誰のところにも平等にやってくるもの。それを摑むか逃すかはあくまでも本人次第です。

「自分には縁がない」と言う人。それは勘違いです。縁は周りにたくさんある。その縁を結ぼうとしなかったり、せっかくの縁に気づかないだけのこと。

よい縁をしっかりと結ぼうという気持ちが少ないだけのことなのです。

さて、「自分には縁がない」と言う人の言葉をさらに聞くと、どうやら「自分にふさわしい人と縁がない」ということに行き着きます。誰でもよければ縁はある。しかしそれでは不満だ。もっと自分にふさわしい人がどこかにいるはずだと。

自分にふさわしい人を求める。それは当たり前のことでしょう。ただし、そういう人たちが言うところの「ふさわしい」とはいったいどういう意味なのでしょうか。

もしかしたら、表面的な「ふさわしさ」ばかりに目を向けてはいないでしょうか。同じくらいの学歴をもっている人。同じくらいの社会的地位をもっている人。もっと細かく言えば、自分と身長が釣り合うとか、自分はハンサムなのだから相手も美人でなくてはいけないとか、表面的な「ふさわしさ」ばかりに目が向いている。そうして表面的な条件を追い求めていれば、その条件にぴったりと当てはまる人など見つかるはずはありません。また見つかったとしても、そんな表面的な条件は結婚生活の中ですぐさまかすんでしまうものです。

どんな人が自分にふさわしいか。それは一言でいえば「共通した生活意識と同じ価値観」をもつ人ということになります。どんな食べ物が好みなのか。どんな趣味をもっているのか。人生の中で何を大切にしているのか。どんな子供時代を送ってきたのか。本来はそういうことが結婚には大事になってくるのです。結婚というのは、淡々と続く日常生活です。表面的な「ふさわしさ」は何の意味ももたなくなります。恋愛感情という熱も、生活の中に埋没していきます。それが結婚というものです。

そして長い結婚生活の中でずっと光を放ち続けるもの。それは安心感ではないでしょうか。同じ価値観をもった人と共に歩んでいる。多少のぶつかり合いがあっても、最後のところでは気持ちが通じ合える。やがては互いに空気のような存在になっていく。空気は目には見えないですが、空気がなければ生きていくことはできません。夫婦とはそういうものだと私は思っています。

表面的な条件ばかりに目を向けないで、自分にとって本当の意味でふさわしい相手を探すことです。話をしていて何となく心地がいい。自分の本音を隠さずに言うことができる。何となく生活のリズムが合っている。そういう相手との縁を大事にすることです。特に50歳を過ぎてから結婚を考える人は、表面ばかりを見てはいけません。表面的なものに目移りするのは30歳までです。互いに人生経験を積んでいるのですから、互いの心を知る努力をすることです。

ましてや、結婚相手を誰かと比較してはいけない。友達はみんなエリートと結婚しているのに、自分の相手はそうではない。友達は若い奥さんをもらったのに、自分の結婚相手は歳をとっている。そんな馬鹿げた比較をしている人は、どんな相手と結婚しても満足できないと思います。

結婚式のときに、友達から「いい人を見つけたね」「いいなあ、羨ましいな」と言われたい。そう願っている人も多いでしょう。しかし、それは表面的なことにすぎません。本当に「いい人」かどうかなんて、これから結婚生活をしなくては分からないものです。

結婚の幸せとは、始まるときではない。長年共に暮らしてきて、やがて生涯を閉じようとするときに、「自分はいい人と結婚することができたな」と思えること。そこにこそ幸せが宿っているのです。

もう一度言います。結婚に縁がない人など一人もいない。縁は平等に訪れる。自分自身の心さえ変われば、素晴らしい人と縁を結ぶことができるのです。

我が子に遺すべきものとは

雲水として厳しい修行を積み、そして一人前の僧侶になっていく。何年で僧侶になれるのか。どうすれば一人前になれるのか。そこには明確な基準はありません。制度で決められているわけでもありませんし、まして修了証書などがあるわけでもない。師が一人前として認めた時点で、正式な僧侶になることができるのです。

「この人間は、もう僧侶として一人前にさせてもいいな」。師がそう判断すると、「伝法」と呼ばれる儀式を行ないます。「伝法」とは、延々と受け継がれてきた「法」を弟子に伝えるという儀式です。それは何か書かれたものを渡すのではありません。形ある何かを渡すことではなく、無形の「心」を伝えていくということなのです。

自分が師から受け継いできた「法」を、今度は自分の弟子に伝えていく。これが仏教でいうところの「相続」なのです。今では「相続」というのは、財産などを受け継ぐという意味をもっていますが、もともとはそういうことではありません。

「相続」が今のように使われ始めたのは明治時代になってからです。親から受け継いだ金品に税金をかけるために、政府がこの仏教語を使い始めました。もともとは無形の「法」を伝えるという意味なのです。

さて、翻(ひるがえ)って我が子に何を遺(のこ)すかと考えたとき、それは家や預貯金などということではないと私は思っています。我が子に遺すべきもの。それは師が弟子に遺したように、無形の「心」ではないかと思います。

自分がどれほどのお金を稼いだか。自分がどれほど立派な肩書を得てきたか。つい父親はそれを我が子に語ろうとします。「お前にはこれだけたくさんの財産を遺してやる」と胸を張って言う。しかし、そんな形あるものはやがて消えてなくなります。肩書などは会社を定年退職したその日から失われる。家やお金さえも永遠に残るものではありません。そうではなく、自分が歩いてきた人生を子供に語ることです。

仕事に対してどのように向き合ってきたのか。何を信じて生きてきたのか。苦しいときにはどのような心で立ち向かってきたのか。そして、我が子に対してどのような愛情をもち続けてきたのか。自分が歩いてきた人生の道のり。自分が経験してきたすべての喜びや悲しみ。それらを子供に語ってあげることです。

その父親や母親の生きざまを感じることで、子供は自らの人生のヒントにしていきます。両親の言葉をしっかりと抱くことで、苦しいことにも立ち向かっていくことができる。人生において大切なものは何か。自分はどのように歩いていくべきか。子供の生きる力を養うのは、形ある財産などではありません。両親から授かった無形の「心」こそが、生きる力を与えてくれるのです。

50代といえば、高校生や大学生の子供がいる人も多いでしょう。その時代から、少しずつでもいいですから、自分が来た道を語ってあげてください。社会人になっていたとしても、けっして遅くはありません。子供が一人前になっていくために、親が「伝法」をしてあげることです。どんなに恰好の悪い生きざまでもかまわない。歩いてきた人生を、良かったことも失敗したことも伝えてあげる。それが親子の心を結ぶことになります。肩書や財産が、親子の絆(きずな)を強くすることはありません。

第3章

50代は好きなことをすればいい

何もすることがないという悩み

「毎週、土曜日と日曜日がくるのが苦痛だ。そういう男性が意外と多いんですよ」。本書を担当してくれた編集者が私にそう言いました。土曜日と日曜日は休日です。せっかくの休日がどうして苦痛になるのか。私は一瞬理解することができませんでした。よく聞けば、こういうことです。

会社の中で50歳を過ぎてくれば、それまでのように特に仕事に追われることが少なくなります。40代までのように、休日出勤をすることもなくなってくる。確実に週に二日休むことができるわけです。何か趣味をもっている人は楽しい休日を過ごすことができますが、無趣味な人は土日にすることがありません。子供たちも大きくなっていますから、どこかに連れていくこともなくなります。奥さんはといえば、地域の友達などと連れだって出かけていく。残された自分はただ家でだらだらと過ごすだけ。こんなことなら会社に行っていたほうがマシだと。

結局は一日中テレビをぼーっと見ながら過ごしている。身体の疲れをとるためだと自分に言い訳をしながら、何もせずに一日を過ごす。これではかえって身体が疲れてしまう。何とももったいないことだと私は思います。その一日というのは、もう二度と戻ってきません。確実に残された日が少なくなっている。その一日がどれほど貴重なものかを知ることです。

何もすることがない。それは嘘です。することを自分で探さないだけです。やるべきことはいくらでもあります。もしもすることがないというのなら、私は生産活動を見つけることをお勧めします。家に庭があるのであれば、花や野菜を育ててみる。散歩に出かけて、美しく咲く花の写真を一枚でも撮ってみる。どんなことでもかまいません。

生産活動というのは、具体的なものを生み出すことだけではない。それは、自分がもっている能力を使って、何らかの活動をすることだと私は考えています。たとえば野球が得意ならば、少年野球の子供たちに教えてあげる。サッカーの練習につきあってあげる。それもまた立派な生産活動だと思います。自分にはどんな能力があるのか。自分にできることは何か。まずはそこに目を向けることです。能力が何もないという人など一人もいません。

五十年も生きていれば、必ず自分にしかない能力が身についているはずです。そしてその能力は、お金などの利益を生むものでなくてもかまわない。子供たちに野球を教えて、「ありがとうございました」とお礼を言われる。その喜びはお金に換えることはできないでしょう。

とにかく身体を動かして、一日を充実させることです。何もせずにだらだらと過ごしている。そこには必ず不安や心配事が忍び寄ってきます。何もすることがないから、つい余計なことまで考えてしまう。明日の仕事のことを心配したり、来てもいない将来に不安を抱いたりする。

多くの不安感というのは、いってみれば暇な時間の中に生まれるものです。庭にでて、ひたすら雑草を抜く。余計なことを考えずに、ひたすら雑草を抜くことだけに心を集中させる。そんなときに不安が忍び寄る隙間は生まれないものです。

「一日不作(いちにちなさざれば)　一日不食(いちにちくらわず)」という有名な禅語があります。この言葉は、中国の唐代に活躍した百丈懐海(ひゃくじょうえかい)禅師の言葉に由来するものです。

百丈禅師は、80歳を過ぎても若い修行僧と一緒になって畑仕事に励んでいました。朝の掃除から始まり、農作業まで一生懸命に励んでいた。さすがに高齢ですから、弟子たちも心配でたまりません。何とか農作業だけでもやめさせたい。それでも言って聞くような師ではありません。そこで弟子たちはある日、師の農具を隠したのです。農具がなければ作業をすることができない。これで諦めて身体を休めてくれるだろうと。

百丈禅師は仕方なく農作業を休みました。ところが農作業を休んだその日から、禅師は食事を口にしようとしません。弟子たちはその理由を問いました。そこで返ってきた言葉が、「一日不作　一日不食」だったのです。

禅僧にとっての作務（さむ）とは、生きていくための基本的なものです。禅僧としてやるべき大切なことなのです。つまり作務を怠るということは、すなわち自らに与えられたやるべきことをなしていないことと同じ。やるべきことをなさないのですから、その分食事をしないことは当たり前なのだと。

「働かざる者、食うべからず」と解説した言葉も聞いたことがあるでしょう。ここでいう働くとは、利益を生み出すことではありません。自分自身に与えられた使命や、自分のもっている能力を使うことこそが、働くということなのです。成果を上げていないから食べるなという意味ではないのです。

自分にとってやるべきこととは何か。自分がもっている能力を生かす場はどこにあるのか。損得勘定などせずに、誰かの役に立てることはないか。それを考えることです。何もすることがない。それはやるべきことを探していないということ。やるべきことや自分の能力から目をそむけ、ただ漫然と生きているだけです。そしてそれこそが、もっとも無駄で不幸せな生き方であることに気づいてください。本当にやることが何もなければ、それは死んでいるのと同じ。命ある限り、誰もがやるべきことをもっている。大切な休日を死んだように過ごしてはいけません。

「禅の庭」の楽しみ

古都を訪れ、禅寺の庭に佇む。庭に流れている空気を感じるだけで、心が穏やかになるものです。「禅の庭」についての知識などなくても、十分に楽しむことができます。心が疲れたときには、ふとそんな場所を訪れてみてください。

「禅の庭」とは、基本的には禅寺にあるすべての庭園を指しています。そこには決まった形式があるわけでもなく、何らかの決まり事があるわけでもありません。ただ一つの条件は、修行を積み、禅の境地にたどり着いた人間が設える（しつらえる）ということです。すなわち「禅の庭」とは、修行を積んだ人間の心象風景を具現化したものなのです。

同じように禅画というのも、禅の修行を積んだ人間が描く画を指したものです。どんなに有名な日本画家が、墨絵で達磨大師の画を描いたところで、それは禅画とは呼びません。やはりその画の中には、修行を積んだ人間の心象風景が描かれていなければならないのです。

さて、私は「禅の庭」のデザインも長きにわたって行なっておりますが、ここ数年は海外からの依頼が激増しています。欧米をはじめとして、さまざまな国から「禅の庭」をつくってほしいという依頼が舞い込んできます。ときにホテルからの依頼であったり、個人からの依頼であったりと、ともかくそれは増える一方です。

彼らの多くは仏教徒ではありません。仏教の心を知るために「禅の庭」を求めるのではない。ただ宗教は違っても、「禅の庭」に大きな魅力を感じている。そこに意味など見出さなくても、ただ眺めているだけで心が穏やかになる。それは人間として共通の心なのだと思います。

「禅の庭」を鑑賞する機会はなかなかない。であるならば、自分でつくってみてはいかがでしょうか。自分自身のそのときの心を、庭などに表現してみる。もしも庭がなければマンションのベランダでもかまいません。それさえも面倒だというなら、小さな箱の中に設えてみてもいい。ともかく心を形にしてみることで、不思議と穏やかな気持ちになれるものです。

以前に私は、あるテレビ局の企画で、小学生に箱庭づくりを教えるという授業をしたことがあります。六〇センチ×四〇センチの箱に、自由に自分だけの庭をつくってみる。砂を敷き詰めて、一輪の花を飾る子もいます。白砂の上に、石ころを三つだけ並べた子もいました。これなどは私も顔負けの発想です。数本の枝を切ってきて、それを木々に見立てようとする子もいます。

庭づくりをしている子供たちの表情を見ていると、誰もが真剣そのものです。上手につくることなど考えていません。私に褒められようと思って手を動かしているわけでもない。ただ純粋に目の前の自分だけの庭に集中している。これがすなわち無の境地といえるのでしょう。私はそんな子供たちの姿を見ながら、これは大人こそがやるべき作業だと思ったものです。

日々の忙しさに埋もれていると、心を無にする時間などなかなかもつことができません。食事をしているときも、布団の中に入っているときにさえ、明日の仕事のことが頭に浮かんでくる。真面目で一生懸命な人であるからこそ、心配事や不安がぐるぐるとまわってくる。そんな時間が積み重なることで、いつしか心が疲れ果ててしまいます。

会社からの帰り道に、小さな石ころを拾ってみてください。それを部屋の中でじっと眺めてみてください。一つの石にも表情があります。表と裏もあります。掌の上で石を転がしながら、その石をじっと眺めてみる。それを小さな箱に収め、隣に落ち葉をそっと添えてみる。五分でも一〇分でもいい。そんな作業に心を委(ゆだ)ねてみてください。きっとその瞬間には、日常の喧騒は入り込む余地はありません。ほんの一瞬ですが、無の境地を味わうことができるでしょう。

幸せとは何か。それは形あるものではありません。そこに存在するものではない。幸せとは「ある」ものではなく「感じる」ものだと私は思います。

自分が設えた箱庭を窓辺に置く。ふと眺めると、箱の中に置かれた石に夕日が射している。「ああ、なんて美しいのだろう」。素直に心が感じる。その瞬間にこそ、幸せは宿っているのです。小さな感動に触れたり、ふとした美しさを感じたりする。その瞬間の積み重ねこそが、幸せな心へとつながっていきます。

道端に落ちている石や、川沿いに咲いている花。砂浜に流れ着いた流木。そんなものに目を向けるかどうかです。目を向けなければ、それらはただの石や木にすぎない。自分の人生には何ら縁のないものです。

しかし、そこに目を向けることで、いろいろなものとの縁が生まれてきます。そしてその縁を手繰（たぐ）っていくことで、また小さな幸せの縁に出合える。それが人生を生きやすくする方法だと私は思っています。

とらわれることなく、広い意味での「禅の庭」を楽しんでください。実際に訪れるもよし。「禅の庭」の写真集を眺めるもよし。「禅の庭」からヒントを得て、自分の心の庭をつくるもよし。日常から心が抜け出す時間。そんな時間をつくることが50代には必要なのです。

仏教を学ぶということ

仏教の世界に関心をもつ人が増えているようです。私のところにも、仏門に入りたい、修行をしたいから弟子にしてほしい、そう言って訪ねてくる人が時折います。そしてそこにはさまざまな理由があるようです。

若い頃から、いつかは仏門に入りたいと思っていた人もいます。大きなターニングポイントの中で、仏への道を選ぼうとする人もいます。それぞれに理由や事情が違っても、仏門への憧れを抱いています。

ただ、修行とはそれほど甘いものではありません。一時の感情でやりきれるものではない。どれほどまでに覚悟をもっているのか。時間をかけてそれを見極めた上で、力になれるかどうかを判断しています。

仏門に入りたいとやってくる人の多くは、40代から50代の人たちです。これまでの人生を振り返り、やはり自分が望む道を歩みたいと考える。反対に、人生に絶望を感じ、新しい自分に生まれ変わろうとする。いずれにしても、この世代というのは人生の岐路に立たされているのでしょう。

50歳を過ぎてから、徐々に仏教への関心がでてくる。それはある意味では当然のことだと思います。さまざまな人生経験を積み、ふと立ち止まって自分を振り返る。自分が望んでいたような人生を歩くこともできないままに、これまで過ぎてしまった。やりたいことを我慢しながら生きてきた。自分の人生とはいったい何だったのだろうかと。そんな思いが頭の中をまわってきたとき、人は何かにすがろうとします。

仏教という身近なものにすがることで、もしかしたらそこに人生の答えが見つかるかもしれない。きっとそんな気持ちがでてくる世代なのでしょう。

そしてもう一つ仏教に興味がでてくる理由としては、死があります。50歳を過ぎて、両親も旅立ってしまった。次は自分の番であることを思い知らされる。これまでは遠かった死が現実味を帯びてきます。心のどこかでそれを感じているからこそ、人はどこかに救いを求め始めるのでしょう。

それはけっして弱さではありません。誰もがもつ自然な気持ちなのです。

さて、では仏教というものを学ぶにはどうすればいいか。

「仏教を学ぶには、どんな本を読めばいいのですか？」「社会人大学などに入るほうがいいのでしょうか？」とよく聞かれます。

もちろん仏教の歴史などを学問的に学ぼうとするのなら、書物や大学で学ぶことがいいと思います。しかし、学問としての仏教ではなく、自分の人生のために学びたいと思うのなら、やはり実際に経験することが一番です。

まずは坐禅会などに参加をして、自分自身で坐禅を経験することです。一回の坐禅の時間は「一炷（いっちゅう）」といいます。これは一本の線香が燃え尽きるまでの時間で、およそ四十分です。その「一炷」の時間、静かに坐禅を組んで心を集中させること。そこには経験しなければ見えてこないものがたしかにあります。言葉では伝えられないものが坐禅の中にはたくさん詰まっているのです。

禅の教えの基本とは、「不立文字（ふりゅうもんじ）　教外別伝（きょうげべつでん）」というものです。つまり禅の教えというのは、けっして文字にすることなどできない。理屈で教えて頭で理解するのではなく、思いを伝えて身体で理解することにあるのです。師が弟子に仏とは何かを教えるのではありません。仏の心を師は弟子に伝えていく。全身を使って修行をすることで、頭ではなく身体で師の言葉を受け止めていく。それが修行というものです。

なかなか難しくて理解ができないでしょうが、それは当たり前です。禅とは頭で理解しようとしてもできないもの。であるからこそ、自身で経験していくしか学ぶ方法はないのです。

仏教の心を学ぶために私がお勧めしている一つの方法は「写経」です。「写経」というのは修行の一つで、書道の筆を使って「般若心経」などのお経を和紙に書き写していくことです。そう聞けば難しそうで、何となく時間と手間がかかりそうに思われるでしょうが、実はたいした手間はかかりません。

一般的に「写経」に使われている「般若心経」。それはすべてを書いても二七六文字しかありません。原稿用紙一枚分にも満たない文字数です。

難しい漢字が並んでいますが、それらをすべて覚える必要はありません。意味など分からなくてもかまわない。受験勉強ではないのですから、ただ「般若心経」を写すだけでいいのです。写すことも難しければ、書店などに行けば、初めから薄い色の文字で書かれてあるものもあります。ただ薄く書かれている般若心経をなぞるだけなら、誰にでも簡単にできます。一枚の「写経」を書く時間はせいぜい三十～四十分くらいのものです。しかし、その三十～四十分の中にこそ禅の教えがある。禅の心を感じることができるのです。

先に記したように、本格的に仏門に入りたいと思う人は別にして、少しだけ禅の世界に触れてみたい。自らの人生を振り返り、これからの生き方を考えたい。そんなふうに思っている人には、坐禅と写経をお勧めします。自分の身体を使って体験をし、その心を味わうこと。そう考えれば、禅の世界はとても身近なところにあるのです。

心を整えるには

仏教の中に「三業（さんごう）」というものがあります。「三業」とは「身業（しんごう）」「口業（くごう）」

「意業（いごう）」の三つです。この三つを整えることこそが修行なのです。

まずは「身業」。これは字の通り、身体を整えるということです。きちんとした身なりを心掛ける。会社に行くときには、パリッとアイロンの効いたワイシャツを着る。靴もきれいに磨き、ハンカチも新しいものに取り替える。髪の毛も清潔に整えて、髭も丁寧に剃る。

皆さんは、そんなことは当たり前のことだと思っているでしょう。しかし、本当にこれらが完璧にできている人は、意外と少ないのではないでしょうか。

まして40代くらいまでは、忙しさにかまけて、つい身なりが疎（おろそ）かになってしまうことがあります。少しくらいスーツに皺（しわ）がよっていても、どうせ外回りに出かけて皺くちゃになるのだからいいや。ハンカチも人前で出すことはないのだから、一日で替えなくてもいいかと。

まあ若い頃は、周囲も好意的に見てくれるでしょう。しかし、50代にもなれば、やはり身なりは大切になってきます。

ある程度は仕事を任される立場になる。重要な取引も判断しなければならない。要するに会社を代表するような仕事が増えてくるでしょう。そんな重要な取引の際に、もしも皺くちゃのワイシャツなどで行けば、相手の印象は悪くなって当たり前。本当にこの会社と取引をしてもいいのだろうか。この人に仕事を任せていいのだろうか。そう考えるのが人情というものです。また、身なりがいいかげんな人には部下もついてきません。

そして「身業」というのは、身なりだけではありません。立ち居振る舞いに気を配ることもまた「身業」です。

いつも姿勢を正して、美しい姿を心掛けること。ばたばたと走り回ることをやめ、ゆったりとした振る舞いを心掛けること。そんな美しい立ち居振る舞いの中から、信頼感や安心感が生まれるのです。

「あんな人になりたい」と憧れる人を見れば、例外なく美しい立ち居振る舞いをしているものです。50歳を過ぎれば、常に自分自身の姿に気を配ることが大事になってくるのです。

次に「口業」というもの。これは簡単にいえば言葉づかいのことです。大きな声で部下のことを叱る。汚い言葉を使う。あるいは若者言葉を真似て軽口を言う。そういうことはやめることです。

心がこもっていれば、言葉づかいなどどうでもいい。心は部下の成長を望んでいるのですから、大声で叱ってもかまわない。それは単なる言い訳にすぎません。大声を出したり、汚い言葉を発したりするとき、人は必ず感情的になっているものです。冷静に叱っているつもりでも、心は怒りの感情でいっぱいになっている。そんな感情が前面にでていれば、伝わるものも伝わりません。

本当に部下のためを思っているのであれば、やはりきれいで正しい言葉づかいを心掛けることです。相手に対する思いやりの気持ちは、必ず言葉となって表れてくるものです。

心美しく思いやりがあれば、自然に言葉も美しくなる。そのことをいつも考えておくことが、50代には求められるのです。何よりも美しい言葉を使うことで、自分自身の心が穏やかになってきます。それから、しかめっ面をほどいて、柔らかな表情を心掛けること。品性のある言葉で接すること。それこそが年長者としてとるべき態度ではないでしょうか。

こうして「身業」と「口業」を整えることによって、心は自然と整ってきます。それが「意業」につながっていくのです。「心を整える」という言葉が流行のようになっていますが、心だけを整えようとしても無理です。それは、いきなり整うものではありません。心を整えるためには、まずは立ち居振る舞いや言葉づかいを整えることです。「三業」の三つは、それぞれが独立しているものではありません。三つが揃ってはじめて、人間としての「徳」が身につくのです。

50歳を過ぎれば、「三業」を意識することです。いつもそれを心に留めておけば、自然と余裕が生まれてきます。そして心に余裕が生まれることで、これまで見えなかったことが見えるようになる。人間にとって本当の幸せとは何か。自分の真の姿はどこにあるのか。そんなことが少しずつ見え始めてくる。そしてそれらがぼんやりと見え始めたとき、また新しい人生が目の前に開けてくる。私はそう考えています。

感謝される喜びを知る

子供がまだ小さい頃、会社帰りにお土産を買って帰る。子供たちが大好きなケーキなどを手にして家路を急ぐ。玄関でそれを手渡せば、「ありがとう」という言葉が返ってきます。その我が子の笑顔を見るだけで、その日の疲れなど吹っ飛んでしまうことでしょう。

どんなに仕事が辛くても、我が子の笑顔を思い出すことで頑張ることができます。自分の小遣いを削ってでも、子供たちにお土産を買ってやりたい。それが親心というものです。

しかし、そんな時期はやがて過ぎ去っていきます。子供が中学生にもなれば、親子の会話も減ってくる。せっかくケーキを買って帰っても「ダイエット中だから」と食べようともしない。「ありがとう」の一言もない。そんな寂しさを感じる時期はどの親にもあるのではないでしょうか。

誰もが経験する親離れ、子離れの時期というものがあります。いくら愛する我が子とはいえ、親とは別の人格をもっている。もちろん両親からの影響は大きいものですが、それでも歩んでいく人生は親とは別のもの。

いくら親が望んだとしても、親が願う通りの人生を子供が選択するわけではありません。一生懸命に自立していこうとする子供を、親は引きとめてはいけない。親の思うままにしようとしてはいけないのです。

最近では、子離れがなかなかできない親が増えているといわれています。一昔前までは、親が生きることに必死でした。毎日一生懸命に働かなくては、食べていくことはできません。子供の世話をしている暇などありませんし、かまっている余裕などない。とにかく早く一人前になって、親の手助けをしてほしい。そう願っていたものです。

子離れができない親が増えている背景には、経済的な豊かさがあるように思います。生活に心配がないがゆえに、つい子供にばかり目が向いてしまう。急いで一人前にならなくても、いざとなれば養ってあげることができる。無理をして結婚などしなくても、ずっと一緒に暮らせばいい。そんな親たちの勘違いこそが、子供を自立から遠ざけているのです。

50代というのは、きっぱりと子離れをする時期だと思います。子供が高校を卒業して、大学に進んだり就職をしたりする。もうその時点で子供を離さなくてはいけません。少しずつ距離を置くように心掛けることです。子供が困ったときや、助けを求められたときにだけ手を差し出してあげる。それ以外のときは子供の自主性を尊重し、信頼して好きにさせてあげる。

それは寂しいことでもあり、難しいことでもあるでしょう。しかし、この時期にこそ手放してあげなければ、いつまでも自立できない大人になってしまいます。我が子が親離れをしようとする後ろ姿を追いかけてはいけないのです。

子供が大きくなって、「ありがとう」の言葉が聞けなくなった。もしもそれを寂しいと思うのなら、その言葉を子供以外に求めてみることです。

人間はけっして独りでは生きてはいけません。たくさんの人との関わりの中でこそ生きていける。そして、その人とのつながりを一番感じることのできる言葉が、感謝の言葉なのだと思います。

誰かの役に立つこと。誰かから感謝の言葉を言われること。それは人間にとって何物にも代えがたいことです。40代までは、感謝の言葉よりも成果に目が向いています。感謝などされなくてもかまわない。もっといえば、多少恨みを買ったとしても、自分さえよければいい。自分の仕事さえうまくいけばいい。経済活動の渦の中にいれば、どうしてもそんな発想になりがちです。

しかし、その発想は誰も幸せにはしません。自分が成果を上げた喜びはすぐさま消え去っていきます。利益として数字には残っても、自分の心にその喜びが残ることはありません。まるで陽炎（かげろう）のように、掌からこぼれ落ちていきます。

それに比べて、誰かの役に立ったり、他人から感謝をされた喜びは、いつまでも温かな気持ちとして心に残っていきます。50代からは、そんな本当の喜びを求めながら生きることです。

「利他」の精神をもつことです。自分の利益を優先させるのではなく、まずは相手の利益を考えながら生きていく。相手が喜ぶこと、相手が望むことを叶えてあげるという意識に切り替えていく。部下のために何ができるのか。周りの同僚のために何をすればいいのか。地域の人たちにとって喜んでもらえることは何か。そんな気持ちを心にもっておくことです。

その心掛けが、「ありがとう」の言葉を集めてくれます。そうして、そんな「ありがとう」の言葉が積もっていくことで、自分自身の人生はどんどん豊かなものになっていくのです。

ケーキを買って帰った日。子供たちが言ってくれた「ありがとう」の言葉。

そのぬくもりをもう一度思い出してください。その感謝のぬくもりは、子育ての中だけにあるのではない。周りを見渡せば、あちこちにあるものです。私心のない素直な気持ちで、周りの人たちに尽くすこと。形ある見返りを求めるのではなく、感謝の見返りを求めながら生きていくこと。結局はそれが、幸せへの近道だと私は思います。

食生活を整える

厄年というものがあります。男性は数えの年齢で25歳、42歳と61歳。女性は19歳、33歳と37歳。昔から身体の変わり目とされる年齢のことです。もちろんそれはかつての生活環境の中でいわれたことですから、現在が必ずしもこれに当てはまるものではありません。必要以上に気にすることはないと思います。

とはいっても、やはり50歳を過ぎれば、身体にも変化が表れるものです。体力的にも少しずつ衰えが見え始めますし、さまざまな病気の種が顔を出してくる。健康診断などに行けば、いろいろな数値に問題がでてくることもあるでしょう。

そうした身体の変調のもっとも大きな原因は、やはり食生活にあると私は考えています。私たち僧侶の修行中の食事は、野菜とお米だけで、肉魚は口にしません。修行を終えてからは、それぞれの僧侶の判断に委ねられることになります。

私の食事は、基本的には野菜と魚が中心です。肉はほとんど口にはしません。もちろん夕食は家族と共にしますから、子供たちのために肉料理が並ぶこともあります。そんなときには私もほんの少しは肉を食べますし、そこまで厳密にこだわっているわけではありません。それでも仏の道に入ってからの数十年は、ほとんど野菜と魚が中心の食生活を送ってきました。

「枡野さんの肌は、透き通るようにきれいですね」とよく言われます。自慢ではありませんが、身体にも余分なゼイ肉はこの歳になってもついていません。風邪を引くこともなく、体調は常に万全です。それはきっと、これまでの食生活のおかげだと私は思っています。「肉を食べなければ体力がつかない」と言う人がいますが、私は肉を食べなくても一カ月に何度も海外に出かけています。「禅の庭」をつくるために現場での指導の仕事もしています。

それに加えて、やはり肉をたくさん食べると、心は攻撃的になるものです。ボクシングなど格闘技の選手にとって、肉は闘争心を引き出すために必要なものです。しかし、私たちの生活に闘争心はそれほど必要なものではないでしょう。比べて野菜中心の生活をしていると、自然と心が穏やかになってきます。怒りや攻撃的な心が少なくなっていく。私たちの生活にとってどちらが必要かと考えれば、自ずとその答えはでているでしょう。

健康診断を受けたら、コレステロールの値が高いと指摘される。高血圧だと診断される。そこで毎日薬を飲むようになる人もたくさんいます。朝昼晩とたっぷりと肉を食べながら、片方で大量の薬を飲んでいる。とても健康的とはいえません。薬に頼るのではなく、食生活を変えることです。

まったく肉を食べないというのも無理なことです。またその必要もありません。ただし50歳を過ぎれば、一週間に二日くらいは、野菜中心の食事に変えることです。一週間の中で火曜日と木曜日だけは、まっすぐ家に帰って妻がつくってくれる食事をとる。それも野菜と魚を中心とした料理をつくってもらう。

たとえばそんなふうに決めてみることです。

また仕事をしていれば、お酒のつきあいもあるでしょう。いっさいの誘いを断ることなどできません。「今夜、一杯いかがですか」と部下や後輩に誘われれば、なかなか断りづらいものです。そしてつい「じゃあ、一杯だけ行くか」となってしまう。一杯で済むはずはありませんし、おつまみには肉料理がついてくる。

このように惰性で飲むお酒は、50歳になったらできるだけひかえることです。「今日は家で食べる日と決めているんだ」とはっきりと宣言すること。50歳にもなれば、そんな断り方をしても許されるものです。

食生活は人間の基礎となるものです。身体の変調も病も、すべては食生活が大きな原因となっています。できる限り野菜中心の食事をし、腹八分目で抑えること。食欲に負けて、無駄にとらないことが肝心です。動物は、お腹が満たされれば、どんな御馳走を目の前にしても絶対に食べることはありません。犬や猫もそうです。お腹がいっぱいになっているのに、さらに食べようとするのは人間だけです。その不要な欲望が身体に負担をかけていることを知ってください。

もう一つ付け加えるなら、食事をするときには、一口ごとにお箸を置くという習慣をつけることです。私も腹八分目を常に心掛けていますが、それでも食べすぎてしまったなと感じることがあります。それは、時間に追われて急いで食事をしたときです。お昼ご飯を食べる時間が十五分しかない。そんなときはつい急いでしまうため、いつも食べすぎてしまいます。お箸を置く間を惜しんで食べるからです。

もしもお昼ご飯を食べる時間が十五分しかないとしたら、十五分で全部を食べようとするのではなく、十五分で食べられるだけの量にすること。ゆったりと食べて、時間がなくなればお箸を置くこと。

空腹は満たされないかもしれません。腹八分目どころか、腹五分目くらいで終わるかもしれません。それでも、食べすぎるよりはずっと身体にはいいものです。食生活をコントロールするのは医師でも家族でもありません。自分自身がするべきことなのです。

一日断食のすすめ

雲水という修行時代。それは厳しく辛いものです。朝の四時には起床し、まずは坐禅、そして朝のおつとめ、それから堂内や境内の掃除が始まります。真冬でも素足のままですから、手足の感覚はマヒするほどです。それでもそんなものはすぐに慣れてきます。この修行期間で一番苦しいのは食事でした。

肉はもちろん食べることはできません。タンパク質をとるのも豆腐や少しの豆類だけ。一日の摂取カロリーは、およそ七〇〇キロカロリーほどです。成人男子の平均が二五〇〇くらいといわれていますから、その三分の一にも満たない食事です。まだまだ若い修行僧にとっては、それは地獄のような空腹に襲われることになります。

こうした食生活をしていると、雲水修行を始めた頃の修行僧のほとんどは栄養失調もしくは脚気（かっけ）という症状になります。

私も修行生活に入って一カ月も経たないうちに、栄養失調の症状に悩まされました。栄養が足りないのですから、血液の巡りが悪くなります。その結果、足が紫色に変色し、やがては異様に膨らんできます。常にしびれたような状態になり、階段などは思うように上ることができませんでした。

脚気にかかると、足の皮膚を指で押すと、そのまま戻らないくらいぶよぶよになってきます。まるで自分の身体が自分のものではなくなるような感覚です。

ところがそれから一カ月から二カ月もすると、不思議なことに身体は元通りになってくる。あれほど苦しんでいた空腹感も、何とか耐えられるようになってくる。人間の適応能力というのはすごいものだと実感させられたものです。

この雲水の修行を参考にしたのかどうかは分かりませんが、ヨーロッパなどでは断食療法が見直されていると聞きます。その治療法が医学的に解明され始めています。人間の身体というのは、断食をすることによって、細胞の機能が一旦（いったん）は落ちていくそうです。免疫力も低下しますから、身体の中の悪い部分がさらに悪化する。まあそれは当然のことでしょう。

ところが細胞の機能が限界まで落ち切れば、そこから先は反対に機能が強化されていく。免疫力も、それまでより強いものになっていく。その結果として、悪かったところが治ることもあるそうです。

要するに断食をすることによって、人間が本来もっている自然治癒力が高まるという結果が報告されているのです。もちろんこの療法は、医師の指示のもとに行なわなくてはなりません。

日常生活の中で、このような完全な断食をすることは難しいでしょう。また自分勝手にやるのも危険が伴います。しかし、雲水のような食生活をすることは十分にできます。

一週間のうちの一日だけ、七〇〇キロカロリーを目安にしてみる。朝は、お粥一杯と梅干しやゴマ塩だけ。お昼は、ご飯と味噌汁に香の物、そして、夕食はご飯と野菜の煮物と味噌汁くらいで済ます。初めのうちは空腹に悩まされるでしょうが、その習慣を半年も続ければ、身体は慣れてくるものです。一週間に一日だけですから、それで健康を害することはまずありません。「プチ断食」を習慣づけてみてはいかがでしょう。

断食が身体に良いことは分かるのですが、なかなか意志が弱くてできそうにない。そういう人は、いっそのこと「断食仲間」をつくってみてはいかがでしょうか。家族を巻き込むことは難しいと思いますので、会社の同僚たちに声をかけてみる。50代の同世代に声をかけ、週末の断食を一緒にするわけです。

それぞれが週末にとった食事をメモしておき、それを月曜日に見せ合う。いかに空腹だったか、どのように空腹を紛らわしたかを語り合ったりする。そんな励みがあればできるのではないでしょうか。

人間の身体は、食べ物を余分に摂取しなければ、頭の働きが良くなるようにできています。満腹の状態で考えることはできません。空腹の状態にすれば、自ずと脳が働いてくる。神経が研ぎ澄まされて、集中力が高まってくる。そして集中力が高まれば、空腹感など忘れてしまうものです。それは私自身が修行中に経験したことです。

いずれにせよ、現代人は明らかに食べすぎです。人間の身体というのは、楽なほうに流されるようにできています。空腹は苦しいものです。ですから楽なほうに逃げようとつい食べてしまう。その行為がどれほど身体を蝕(むしば)んでいるかに気づくことです。「もうお腹が減って死にそうだ。朝からお粥しか食べてない」と言う。しかし、空腹で死ぬことはありません。一日や二日食べないからといって死ぬことはありません。それより、空腹を満たすためにカツ丼の大盛りを食べることのほうが、死に近づいていることに気づくことです。

第4章

捨てて、手放して、もっと人生を身軽にしよう

捨てる準備を始める

60歳になり、会社を定年退職してもなお、それまでの生活にしがみつこうとする人を見かけます。携帯電話を三台も持ち歩き、パソコンも常に新しい機種に買い替える。情報を知りたいからと新聞も三紙とり、無駄とも思えるほどに書物も購入する。

もちろんそれらが必要であれば、あるいは次の仕事につながるのであればいいのですが、ほとんどそういうことはありません。ただ単に過去の自分や生活に執着しているだけです。いつまでも今の自分を受け入れられずにいる。

それは幸福な人生とはいえない。

そうならないためにも、私は50代から捨てることを始めるべきだと考えています。あなたの身の回りを見渡してみてください。きっとそこにはものが溢れているはずです。家の中にはテレビが三台もある。子供たちが出ていった後は、そのうち二つのテレビのスイッチが入れられることはありません。最新式のパソコンを買ったところで、それを使いこなせる人は家族にはいない。洋服にしても仕事関係のものにしても、すでに不要になったもので溢れています。

いつかは役に立つだろう。いつかは使うだろう。そう思っているものの九〇％は使うことなく捨てられるだけです。たしかに40代までは必要だったものでも、もう必要ではなくなったものは必ずあります。そして、これからの自分の人生にとって必要なものとは何なのか。50代とはそういうことを考え始める時期だと私は思っています。

人間の心というのは、どうしてもものに引きずられてしまうものです。一つのものを手に入れれば、必ずもう一つ欲しくなる。新しいものが欲しくなる。必要がないことは頭では分かっていても、それでも欲しいという欲望に負けてしまう。それが物欲の怖さです。

物欲にまみれた人生は、けっして心の安寧を生むことはありません。手に入れた満足感は一瞬で失われていきます。そこに残るのは執着心と欲深さだけです。

私たち僧侶というのは、できる限りものを減らす生活を心掛けています。もちろん社会生活を営んでいますから、すべてを捨てることは無理です。携帯電話やパソコンも必要なものです。それでも、常にこれが自分にとって本当に必要か否かを考えながらものとつきあっています。

私は何かを買うときに、三種類に仕分けをして考えています。一番目はどうしても必要なもの。二番目は、あれば便利ではありますがなくても何とかなるもの。三番目は、明らかに必要のないものです。そして実際に購入するのは一番目のものだけです。二番目と三番目は、ちょっと欲しいなと思っても買うことはしません。これを心掛けることで、不要なものに囲まれることはないのです。

捨てることについても同じです。まずは身の回りのものを自分なりに仕分けをしてみること。絶対に必要なものは一番目。いつか使うかもしれないと思うものは二番目。もう捨ててもいいかと思えるものは三番目。一人で仕分けをするとどうしても甘くなりますから、家族につきあってもらいながら仕分けをしてみてはいかがでしょう。そして一番目だけを残して、二番目と三番目を手放してしまうことです。もったいないという気持ちもあるでしょう。後ろ髪を引かれる思いもあるでしょう。それでも思い切って手放すことです。

思い切って手放すことで、本当に必要なものが見えてきます。たとえば三台もの携帯電話。もう鳴ることのない電話を握りしめていることで、心も過去にとらわれることになります。それを手放すことで、少しずつ過去への執着心は薄れていく。無駄なものをできる限り排除すること。それが禅的な生活ともいえるのです。

定年退職してから捨てればいい。そう考えていると、なかなか捨てることができなくなってしまいます。なぜなら、定年後に捨てることは、もうそれらが二度と手に入らないことを意味するからです。それが50代であれば、また手に入れられる可能性は十分にある。携帯電話三台のうち、一台を手放しても、また必要になれば持つこともできます。しかし60歳を過ぎれば、もう二度と三台目の携帯電話を持つことはありません。その寂しさが手放すことを躊躇させるのです。

まだまだ社会で活躍を続けている50代であるからこそ、思い切って手放すことができる。そういう意味で50代は、溢れるものの棚卸しには最適の時期なのです。

欲望の整理をする

私たち人間は、さまざまな欲望を抱えながら生きています。食欲や睡眠欲など、生きるために必要な欲望だけでなく、直接的には生きることに必要ではない欲望もたくさん抱えている。それらの欲望を満たすために、自分の力を超えてまで満たそうとする。あるいは自分の欲望を満たすために、他人を蹴落としたり、ときに傷つけたりもします。手に余るほどの欲望は、きっとその人自身の人生を生きづらくする。それでも、そのことに気づかずに、目の前の欲望ばかりを追い求めます。

私たち僧侶は、それら人間がもつ欲望を果てしなく取り除くために修行をしているのです。それでもすべての欲望から解放されることはとても難しいもの。だからこそ、修行というものが一生続くわけです。

さて、一般の人たちにとって、欲望をすべて取り払うことなどできるはずもありません。またその必要もないでしょう。社会で生きている限り、欲望が芽生えるのは当たり前のことです。そして欲望を満たそうとするからこそ努力もできる。欲望は上手につきあえば、自分を高める道具としても役立つものです。

たとえば会社にいれば、仕事を成功させたいという欲望をもつことは当然です。成果を出して評価されたいと思えばこそ頑張ることもできます。評価されれば給料も上がってくる。給料が上がれば家族のためにもなる。社会人として仕事をしている限り、こうした欲望から逃れることはできません。

子供が生まれれば、もう少し大きな家に引っ越したいと思うでしょう。できれば自分の家を購入したいと思う。そして我が家を建てることができたら、せっかくだから新しい車も欲しいと思う。一年に一度は家族で旅行をしたいですし、誕生日には好きなものを買ってあげたい。もちろん大学にも行かせてやりたい。欲望はどんどん大きくなっていきます。

抱えきれないほどの欲望を、すべて満足させられる人などごく僅(わず)かでしょう。ほとんどの人は満足できない状態で日々を送らなければなりません。

家を建てたはいいのですが、ローンの返済が大変で、とても家族旅行になど行くことができない。会社での評価も思ったように上がらずに、出世のコースから外れてしまう。自分勝手に想像していた人生のコースからどんどん外れていく。満たされない数々の欲望を目の前にして茫然と立ち尽くす。まさにそれは、欲望が招いた不幸な心としかいえないのです。

50歳を過ぎれば、一度欲望の整理をしてみることです。それまで抱えていた欲望を目の前に並べてみる。40代までとは明らかに状況は変わっていますから、もう必要のない欲望がたくさんあるはずです。

たとえば一年に一度は家族旅行をしたいという欲望も、子供たちが独立すれば不必要なものになるでしょう。大きな車も必要ありません。食事にしても、高級な店でコース料理を食べるよりも、妻がつくってくれる料理のほうが健康的です。スーツも今もっているもので十分ですし、ネクタイも新しいものに買い替える必要もない。靴は丁寧に手入れをすればまだまだ使えます。

これまでもっていた欲望を並べてみると、いかにそれが無駄であったかがよく分かります。たしかに若い頃には必要だったものもあるでしょう。しかしそれらの欲望すべてを50代に引き継いではいけない。欲望を引き継ぐことは、苦しみを引き継ぐことと同じです。何も好き好んで苦しみを引き継ぐことはないと思います。要らないものは思い切って捨てることです。溢れるものの中で生活をしていれば、いつかは息苦しくなってきます。行きすぎた欲望は、いずれ自分自身を窒息させることになります。

　これは会社や仕事についても同じことがいえると思います。これまでは自分の評価ばかりを追い求めていた。自分が仕事の成果を上げて、自分が出世したい。サラリーマンの多くが取りつかれる欲望でしょう。40代まではそれでもかまいません。欲望を満たすために必死に走り続ければいい。それでも、50の声を聞いたときからは、今までの欲望とのつきあい方を変えることです。

　自分が成果を出し、自分が評価されたい。そんな視点から、今度は若い人に視点を移すことです。自分が成果を出すことを考えるのではなく、自分の部下や後輩が成果を出せるように尽力する。自分の評価を喜ぶのではなく、部下の評価を心から喜んであげる。自分と会社のためでなく、これからの時代を背負う人のために尽くしてあげる。これこそが50代のとるべきスタンスだと私は思います。

そしてその心をもったとき、周りが必要としてくれる人間になるのです。「情けは人のためならず」という言葉があります。これは「情けをかけるのは、その人のためにはならない」という意味ではありません。「誰かに情けをかければ、それが巡り巡ってやがては自分のところに返ってくる」という意味なのです。

会社もまた同じです。部下や後輩のために尽力することとは、部下のためだけではない。きっとそれが、大きな感謝の念となって自分のところに返ってくる。誰かに必要とされる喜び。誰かに感謝される喜び。その喜びに目を向けたとき、これまでの欲望は色褪せていくものです。

さあ、今あなたが抱えている欲望を目の前に書き出してみてください。そうすることできっと気づくはずです。その八〇%はもう要らないものであることを。そしてそれに気づいたときからが、新たな人生のスタートなのです。

欲望という心の荷物を降ろすことです。

会社の自分は仮の姿

50歳を過ぎてくれば、会社の中で与えられるポジションに差がでてくるようです。一番手を走っている人の中には役員になる人もいる。部長になる人もいれば、課長のままでいる人もいる。さらには後輩たちにどんどん追い越されてしまう人もでてきます。いわゆる出世競争に一喜一憂するものです。

私が見た感じでは、上のポジションに行く人ほど、その肩書に執着しているように思います。自分は部長の座を手に入れた。何があってもこの椅子は手放したくない。後ろからは後輩たちが追いかけてくるのですが、この椅子だけは絶対に譲るものか。そんな気持ちが強いものです。一方で出世競争から置いていかれた人たちは、逆に自由な心で過ごしているように感じます。もうこれ以上出世することはないであろう。そうであるならば会社に執着せずに、自分の好きなことをやってみようと。いい意味での諦めの気持ちをもつことで、心が解き放たれるようです。

もちろん出世を諦めたからといって、いいかげんに仕事をすることはいけません。会社と少し距離を置くことはいいことだと思います。

絶対に部長の椅子を手放したくないと執着している人たち。その気持ちは分からないでもありませんが、しかしよく考えてください。今、座っているその椅子は、永遠に続くものではありません。60歳になって定年を迎えれば、一〇〇%その椅子は失うことになります。役員であれ社長であれ、それが生涯続くことはありません。いずれはその椅子を他の誰かに譲る日が来ます。

そんなことは百も承知だと言いますが、頭では分かっていても、心がそれを認めようとしない。もしかしたら、もう一年だけでも長く座っていられるのではないか。あるいは部長にまで出世したのだから、会社を辞めた後も尊敬されるに違いない。このような大いなる誤解をもっている人もいます。

会社での自分の姿。それはあくまでも仮の姿にすぎません。部長というポジションも、会社から与えられた一つの役割分担にすぎない。そんな仮の姿にしがみついていると、いつしか自分の姿を見失ってしまいます。本当の自分というものが見えなくなってくる。それは会社だけの人生を生きているだけで、自分の人生を生きていることにはなりません。

今の自分は仮の姿だ。そのことを意識することです。特に50歳になったら、その仮の姿を客観的に見ることです。取引先の人たちから頭を下げられる。部下は自分の言う通りに動いてくれる。それは会社という世界だけの話です。今の名刺を会社に返した瞬間に、取引先の人たちはあなたのことなど忘れてしまう。そして部下たちは新しい上司の指示に従うようになる。当たり前のことです。

確実に部長の椅子は失うことになる。それは明白なことなのに、どうしてそんなものに執着するのでしょうか。そんな不確かなものにとらわれるより、自分自身で確かなものを探すこと。永遠に失うことのないものを自分の力で見つけ出すこと。50歳になったら、そういう心掛けをもつことだと思います。

では、その確かなものとは何か。それは、自分自身が好きなことで、一生続けられるものだと思います。短歌をつくることでもいい。絵を描くことでもいい。生涯にわたって打ち込めるものを見つけることです。そこには優劣や評価などありません。誰かと比較する必要もない。ただ自分が打ち込めるものを探していくこと。

60歳を過ぎて、定年になってから探し始めるのでは遅い。第一、昨日まで部長の椅子にしがみついていた人間が、いきなり発想を転換させることなどできません。

自分は部長だったんだという姿なきプライドを引きずり、いつまでも心が会社から離れない。そんな状態が何年も続くとしたら、それこそ人生の無駄遣いではないでしょうか。

そうなる前に、心を少しずつ会社から解き放つことです。会社にいるときには部長の顔をもち、一歩会社からでれば本当の自分に戻っていく。そういう訓練を始めるのが50代なのです。

会社人生で築き上げてきたもの。仕事のキャリアであったり、手に入れたポジションであったり。それはとても大事なものです。一生懸命に働いてきた自分を否定することはありません。しかし、それらを人生の荷物にしてはいけません。

過去の自分にばかりとらわれていると、それが未来の自分にとって荷物になってしまいます。人生の後半を充実させるためには、まずはそれまでの心の荷物をすっかり降ろしてしまうことです。

禅語の中に「下載清風（あさいのせいふう）」という言葉があります。荷物を満載にした船は、船体を沈ませながら一生懸命に港に向かいます。船が重たいから、風が吹いてもなかなか速く進みません。そして港に着き、重たい荷物をすっかり降ろしてしまう。軽くなった船は、少しの風でもスイスイと進んでいく。その軽やかさはとても自由で気持ちがよいものです。余分な心の荷物を降ろすことで、自由な生き方ができることを教えてくれる言葉です。

まさに50代というのは、船から荷物を降ろす時期だと思います。家族を養うという荷も軽くなってきます。経済的にも少し余裕がでてきます。その上、まだまだ体力や気力もあります。やりたいことがあれば何でもできます。

せっかく軽やかになってきた時期なのですから、わざわざ会社の椅子に執着することはありません。部長の椅子をどうやって守るかを考えるのではなく、どうやって次の人にバトンタッチしようかと考えることです。もっというなら、早く重たい荷物を船から降ろしたい。それくらいの気持ちでいることです。

仮の姿が永遠に続くことはありません。その仮の姿が、これからの人生に幸せをもたらすこともありません。幸せをもたらしてくれるのは、自分の心にある本当の姿なのです。

縁の整理をする

私たちは、多くの縁の中で生かさせていただいています。親子の縁から始まり、親族の縁、配偶者との縁、学校を通しての縁、地域社会での縁、そして仕事での縁。実にたくさんの縁を結びながら生きています。

そうした縁の中で、やはり長年会社勤めをしている人にとっては、仕事で結んだ縁が多くを占めるのではないでしょうか。単純に周りの人間関係を思い浮かべてみてください。あなたの知り合い、友人、仲間、それらのほとんどは仕事を通して結ばれたものではないでしょうか。置かれている場所によって結ばれる縁は決まってきますから、それは当然のことでもあります。

さて、こうして仕事を通して結ばれた縁。おそらくそのきっかけは、ある意味での損得勘定からだと思います。この人とつきあえば自分の会社の利益につながる。この人と人間関係を築くことで自分を高めることができる。あるいは、あまり好きにはなれない人とでも、得をするという理由から縁を切ろうとはしない。我慢しながらでも人間関係を続けようとします。寂しい気もしますが、それは社会人としては仕方のないことでしょう。

50歳になったのを機に、少しずつ縁の整理をしていくことです。新しくたくさんの縁を求めることをやめ、本当に結びたい人とだけ結んでいく。無理をしてまで人間関係を続けようとせず、損得だけで判断することをやめることです。もう、自分が好きな人とだけ縁を結べばいい。そう思うだけで、心はとても軽くなるものです。

かといって、無理をして縁を切ることもありません。「もう、私はあなたとはつきあいたくない」などと宣言をする必要もない。ただただ、自然の流れに任せることです。

縁というのは不思議なもので、こちらが縁を結びたいという気持ちをもっていれば、そこには自然につながりが生まれていくものです。「この人との縁を大事にしたいな」とこちらが思っていれば、大抵の場合は相手も同じように思っているものです。反対に「この人とはつきあいたくないな」と感じている人は、自ずと遠のいていく。心というのは伝わっていくものなのです。

あえて言葉や行動に出さなくても、縁が続く人は続いていくし、切れる人は自然と切れていくもの。その自然の流れに任せていくことです。

若い頃には、なかなか流れに任せることはできません。好き嫌いの感情も高ぶる時期ですし、どうしても損得勘定が働いてしまう。自然の流れに逆らおうとすることから、人間関係のストレスが生まれてくる。一言でいえば無理をしているわけです。この無理をすることを、50代になったらやめてみること。去る者は追わず、来る者は拒まず。そんな気楽な気持ちで縁を結んでいくこと。それが許される年齢なのです。

せっかく自由な縁を結べる年齢になったのですから、これからの人生を考えながら縁を結ぶことも大事なことです。仕事だけの縁を求めるのではなく、プライベートな縁にも目を向けることです。

会社という場を離れて、趣味などの場に積極的に参加をしてみること。地域のボランティア活動でもいいですし、何かのサークル活動でもかまいません。会社を定年になった後も、長くつきあえるような仲間。そういう仲間を探しておくことが大事です。

仕事で結ばれた縁は、仕事が終わると同時に失われていくものです。「退職されてからも、ぜひときどき飲みましょう」と部下や後輩は言いますが、その約束が果たされることは、あまりありません。

果たされもしない約束にしがみついているより、自分が心地よい縁をつくっておくことです。人生における「縁の棚卸し」。50歳になれば、そろそろそういう時期ではないでしょうか。

心許せる友は、一人いれば十分

最近では、ＳＮＳなどの通信手段を通じてコミュニケーションをとる人が増えているようです。毎日、何十人という人たちと携帯電話やパソコンを通して交流を図る。情報交換の場としては便利なものですが、そこに深い関係性は生まれません。

メールがくればすぐに返事をしなくてはいけない。返すのが遅くなってしまうと気まずくなったりする。自分がどれほど多くの人たちとメールのやり取りをしているか、その数を自慢したりもする。何とも不可思議な世界が存在しているようです。

友達は多いほうがいい。友達が少ないということは、自分自身の評価にも関わってくる。そんな幻想をもっている人が増えているように思います。小学生や中学生ならばまだ分かりますが、一人前の大人が友達の数を競ったりすることは、いかにも滑稽なことです。

第一、ＳＮＳなどで知り合った関係というのは、はたして友人と呼べるものでしょうか。顔を合わせて話したこともない。一度くらいしか会ったことがない。それは友人ではなく、ただの知り合いです。お互いの本音を言い合うこともなく、心を許すこともできない。そんな知り合いがいくら増えたところで、人生を豊かにはしてくれません。

それどころか、知り合いとの縁を切らないために無駄な労力を使うだけです。

仕事にプラスになるという目的があれば、いくらでも知り合いを増やせばいい。しかし、それはあくまでも知り合いであって、友人としてのつきあいを期待しないことです。心を許せる友人というのは、それほど簡単にできるものではないし、またたくさんいるものでもありません。

本当に言いたいことが言えて、互いに分かり合うことができる。そんな友は一人いれば十分だと私は思っています。二人もいれば儲けものです。50歳を過ぎて、周りを見渡してみる。そこには何人の心の友がいるでしょうか。会社の中で築いてきた人間関係は多々あれど、その中に本当の友が何人いるでしょうか。気がつけばそういう人間は一人もいない。そう気づく人も多いのではないでしょうか。

「一箇半箇（いっこはんこ）」という言葉が禅の中にあります。道元禅師が帰朝するとき、天童山の如浄（にょじょう）禅師がこう言いました。「一箇半箇を接得して吾が宗をして断絶せしむることなかれ」と。

この言葉の意味するところは、「本当に法を伝える人間は、数少なくてもいい。多くの弟子に伝えようとしなくてもいい。ただし、この人間こそと思える弟子には、漏らすことなくすべてを伝えることだ。それこそが教えを断絶させない最良の方法である」ということなのです。

たくさんの人間に伝えることはとても難しいことです。理解できる人間もいればできない人間もいます。いくら必死に伝えようとしても、分かってもらえない人間もいる。それを無理して伝えようとすれば、結局は何も伝わっていくことはない。心から信頼し、伝わる人間にこそすべてを伝えていくこと。

友というのもこれと同じではないでしょうか。毎日のように会話を交わしているのに、どうしても理解し合えない人もいます。自分の本当の気持ちも伝わらないし、相手の気持ちも見えてこない。考え方や生き方が違っていれば、分かり合うことは無理なことです。同じ職場にいても、互いの価値観にずれが生じていれば、いくら努力をしても分かり合えることはありません。

そんな相手ならば、「知り合い」だと割り切ることです。多くを求めても、それが叶うことがないのなら、それ以上の関係を築くことはありません。上辺のつきあいだけで十分です。上辺のつきあいというと、とてもマイナスのイメージがあるでしょうが、けっしてそうではありません。上辺のことを上手にやることは、大人として当たり前のこと。分かり合えないからといって、いちいちぶつかっていれば社会は成り立ちません。割り切った人間関係もまた必要なものです。

ただし、やはり心を許せる一人の友をつくることです。学生時代の友人でもいい、もちろん長年共に仕事をしてきた人間でもいい。「この人こそ」と思える友を見つけること。たった一人でいいから、自分をさらけ出せる相手を探すことです。

これまで関わってきた人たちの中に、必ず真の友はいるものです。いつも一緒でなくてもかまわない。二カ月に一度会うくらいでもいい。

50代にもなれば、それまでに多くの人間関係を築いています。多くの人と関わる中で、本当に自分が心を許せる人間を見抜く目もできているはず。その自分自身の目を信じて、これからの人づきあいを見極めることです。たくさんの知り合いをつくることから、少ない友と深い関わりをつくっていく。そうシフトすることです。

50歳を過ぎてから、百人の知り合いに自分のことを分かってもらおうとすれば、それだけで人生は終わってしまいます。それはまったく無意味なことです。

怒りっぽくなる人の特徴

会社の中を見回してください。50代の上司に、やたらと怒りっぽい人がいませんか。それまでは穏やかに仕事をするタイプだったのに、50歳を過ぎて管理職に就いた途端に怒りっぽく変身した。そんな話をよく耳にします。

急に怒りっぽくなった上司。そういう上司をよく観察してみてください。おそらくそのほとんどは、自分では何もしない人たちです。自分は動くこともせずに、ただ部下に指示だけを出している。そして部下がミスを犯したり、指示通りに動かなかったりすれば、声を荒らげて怒りだす。もちろんそれが上司たる者の役目ですから、ある程度は仕方のないことです。

実は怒りっぽくなる原因が、そこに潜んでいるのです。どうして人は怒るのか。それは、物事が自分の思う通りに進まないからです。

ところが、自分自身でやっていることに対しては、怒りっぽくはなりません。自分が犯してしまったミスに対して怒る人はいない。自分のせいで思い通りにならなかったとしても、それが怒りの感情になることは、あまりありません。つまり、自分自身が主体となって行動している人というのは、怒りっぽくはならないということなのです。

歳をとると怒りっぽくなるとよくいわれます。その原因は、歳をとれば自分でできないことが増えてくるから。日常生活の中においても、誰かに手伝ってもらわなければできないことが増えてくる。仕方なく誰かにやってもらったはいいが、自分が望んでいるようにはやってもらえない。それがストレスとなって怒るわけです。

たとえば家事にしても同じです。夕食がなかなかできないと、つい怒りだす夫がいます。「まだできないのか！」と妻に対して怒る。この一言で楽しい夕食は台無しです。

遅いと怒るくらいなら、自分が身体を動かすことです。「何か手伝うことはない?」と妻の手伝いをする。扱いやすい野菜などを切ったりしながら、自分も夕食の準備をしてみてください。そうすることで、怒りの感情はたちまち消えてなくなります。妻に全部をやってもらおうとするから、そこに文句が生まれる。自分が何もせずにじっとしているから、夕食がなかなかできないとイライラする。イライラするくらいなら、自分から身体を動かすことです。

さて会社の話に戻りますが、いつもイライラして怒りっぽい上司が、部下から尊敬されるはずはありません。またイライラしている上司本人も、好き好んでそうしているわけではないと思います。怒りっぽい自分が嫌になることもあるでしょう。

怒りっぽい人間にならないためには、まずは感謝の言葉を伝えることから始めてください。部下が仕事の報告に来た。ところが指示をしていたのとは違っているることが分かる。そこですぐさま怒るのではなく、まずは「ごくろうさん」という言葉をかけること。

「ごくろうさん」の言葉をかけた後に、「でも、ここが指示とは違っているから、もう一度やり直してみてくれるかな」と言うことです。上司から労(ねぎら)いの言葉をかけられて、悪い気がする部下はいません。

労いの言葉をかけることをせずに、頭から「指示と違うじゃないか！　もう一度やり直せ！」と言われたら、部下が反発を覚えるのは当然です。結果としていい成果を生むことが仕事の目的です。それこそが上司の役割であり、怒ることが役割ではないのです。

実はアメリカの心理学でも、同じようなコミュニケーション術が研究されています。それは「ADD(アド)　ON(オン)」のコミュニケーションと呼ばれるものです。「ADD　ON」つまり「付け加える」ということです。相手が何かを主張する。その主張に対して自分は別の考え方をもっていたとする。そのときすぐさま「その考え方は違う」と言ってしまえば、相手も感情的になってしまいます。そうではなく、まずは「そうですね」という言葉で相手の考え方を受け入れるわけです。「そうですね」と言われたほうは、自分の考え方が受け入れられたことに嬉しさを感じます。相手を受容する気持ちがでてきますから、その後の言葉も素直に聞くことができる。

「本当にそうですね。しかし、こういう考え方もできると私は思っているんですよ」と。これが「ＡＤＤ　ＯＮ」のコミュニケーションなのです。まさにこれは仏教でいうところの「愛語」と同じです。まずは相手を受け入れること。そして相手を思いやる言葉をかけること。「ありがとう」「ごくろうさま」という優しい言葉をかけること。この感謝の言葉こそが、イライラに効く最高の薬なのです。文化は違っても、人間の心持は同じということなのでしょう。

比較する材料ばかりを探さない

私は大学で教鞭をとっていますから、学生たちの就職について相談を受けることもよくあります。その彼らの就職活動を見ていて、少し気になることがあります。それは、彼らが比較ばかりをしているということです。

たとえばデザイン会社に就職を望んでいる学生がいたとします。どの会社がいいか。たくさんの情報を集めて、自分に合ったデザイン会社を比較して選ぼうとする。それは当然のことです。

ところがデザイン会社を探しているうちに、自動車メーカーの情報も見ることがある。それを見ていると、どうも自動車メーカーも面白そうだ。それに加えて給料も高い。やっぱりデザイン会社をやめて、自動車メーカーを受けようか、と思っていると、今度は食品メーカーの情報が飛び込んでくる。

そんなことを繰り返しているうちに、結局は就職活動の焦点が絞れなくなる。つまり、比較ばかりしているうちに、自分がやりたいことが見えにくくなってしまうのです。これは情報が溢れる時代の落とし穴ではないかと私は考えています。

たくさんのものを比較し、そこから選び出すというのは実は難しいことです。心理学でもそのようなことが証明されているそうです。

たとえば手帳が欲しいと思って買いに行きます。店に行くと、手帳の種類は三種類しかない。こんなとき人は、すぐにその三種類の中から選ぶことができます。完全に満足ではなくても、とりあえずは三種類の中から選び出すことができる。

ところが店に入ると、そこには五〇種類もの手帳が並んでいた。こうなれば、どれもが良さそうに思えて、なかなか一つに絞ることができません。あれこれと迷っているうちに、「もう少し考えてから買うことにしよう」と、結局は手帳を買うことなく店をでる。そんな経験がありませんか。あまりに多くの選択肢を示されることで、人間は選ぶという作業が困難になるのです。

就職の件の学生にも同じことがいえます。情報を集めることは悪いことではありませんが、不要なものまで集めることで、かえって頭が混乱してしまう。自分の本当にやりたいことが見えにくくなり、目先の選択肢にばかり目を奪われてしまう。比較するという作業だけに追われることになるのです。

これは50代の人にも当てはまることではないでしょうか。50歳を過ぎて店を開業し、成功を収める人もいます。早期退職をして、田舎で農業を始める人もいます。さまざまな生き方がメディアを通じて流れてくる。それを見ながら、羨ましいという気持ちが湧いてくる。自分もあんなふうに生きたいと思ったりもする。人生の選択肢は限りなくたくさんあるのだと。そんな錯覚にとらわれることがあるでしょう。

「たまたま運が良く」店を成功させた人たち。「今のところ」幸せだと言う田舎暮らしを始めた人たち。それはほんの一部の人たちであり、その人たちの人生の断面にすぎません。まして失敗したり、不幸せだと感じている人をメディアが取り上げることはない。巷に溢れる情報に惑わされてはいけないのです。

たしかに50歳を過ぎても、選択肢はいくらでもあるでしょう。それらを並べて比較することはできます。しかし、肝心なのは、自分がどう生きたいかということです。他人の生き方を目の前に並べて、それを自分と比較する。そんなことで自分自身の生き方が定まるはずはありません。それが幸せへの道であるはずはないのです。

50歳を過ぎれば、無闇に他人と比較するのをやめることです。自分自身をしっかりと見つめ、自分の生き方に誇りと覚悟をもつこと。どんなに魅力的な情報があったとしても、それに目を奪われてはいけません。

比較する材料ばかりを集めても、そこに自分の歩むべき道が見つかることはない。人は人。自分は自分。そう心に刻むことが、50歳からの人生を豊かにしてくれるのです。

考えてみれば、不安感や不満、あるいは嫉妬や執着心というものも、他人との比較の中から生まれるものです。出世した同期と比較することで不満が募ってくる。世間の平均ばかりを気にするから不安感が生まれてくる。比較をすることで、余計な負の感情が次々に生まれてくるものです。

情報が溢れている時代。比較することばかりが目につく時代。であるからこそ、自分自身をしっかりともっていなければなりません。若い頃には、つい比較をしてしまいます。比較をすることが力になることもあります。しかし、もうそういう年齢ではありません。

他人と比較するのではなく、昨日の自分と今日の自分を比較する。一年前に抱いていた熱意や目標と、今抱いているそれとを比較する。それが50代です。あなたが比較すべき相手とは、あなた自身なのです。

悩んでも仕方のないこともある

人はさまざまな悩みを抱えながら生きています。悩みがまったくない人など一人もいません。どんなに修行を重ねた僧侶でさえ、悩まない人などいないものです。

さて、こうした人間が抱えている悩みですが、実はそれは三種類に分類して考えることができます。

一つ目は、自分の努力で解決できる悩みです。自分には仕事の能力が足りない。頑張ってもなかなか評価されない。もしもそんなことで悩んでいるとすれば、それは真剣に努力をすることを怠っているからです。

仕事に能力の差などほとんどありません。ときに天才的な能力をもって生まれてきた人もいるでしょうが、そんな人間はほんの一握りにすぎない。九九％の人間の能力は同じようなものです。そこに差が生まれるのは努力の差だけです。評価されないと悩んでいるのなら、評価されている人間をよく観察して、自分との違いを分析することです。そして一生懸命に努力すること。一生懸命になることで、消えていく悩みはたくさんあるものです。

二つ目に分類される悩み。それはまったく悩む必要のないものです。

たとえば新しい車が欲しい。しかし今はそれを買うお金がない。ああ、どうすればいいのだろう。何とも浅はかな悩みとしかいいようがありません。こんな悩みにつきあっていれば、それこそ人生の貴重な時間を無駄にするだけです。

あるいは将来に対して悩む人もいます。もしもリストラされたらどうしよう。定年後に暮らしていけるお金がなくなったらどうしよう。病気になったらどうしよう。などなど、来てもいない将来について勝手に悩んでいる。これもまた無駄な悩みです。将来への不安や悩みを抱えるのは人間の癖みたいなものです。それをすべて払拭することは難しいかもしれません。それでも、そんな悩みが顔を出したときには、こう自分に言い聞かせることです。「まあ、そうなってから考えよう」と。

さて三つ目の悩み。それは、自分の力ではどうすることもできない悩みです。

たとえば自分の家族が重い病気にかかる。不慮の事故に見舞われる。あるいは災害などで家が失われる。誰を恨むこともできないし、自分がどんなに努力をしたところで解決することはできない。いわゆる理不尽な悩みというものです。この三つ目の悩みこそが、私たちにとって一番辛く苦しいものといえるのです。

五十年も生きていれば、そんな理不尽なことに出合うこともあったでしょう。今まさにどうしようもない悩みに襲われている人もいると思います。自分にはまったく非がないのに、突然のように理不尽な悩みが襲ってくる。人生を投げ出したくなる気持ちにもなるでしょう。

そんなときには、不必要にもがいたりせずに、流れに身を委ねてしまうことです。

「任運自在（にんうんじざい）」という禅語を贈ります。この世にあるすべてのものは、自ら運び動いている。それが禅の考えです。たとえば自然を見てください。春になれば植物は芽吹き、夏に向かって花を咲かせます。やがて秋になり、しっかりと実をつけて、そこには虫や鳥たちが集まってきます。そして、冬にはすっかりと枯れ果ててしまう。これらはすべて自然の計らい事なのです。人間の手を加えることはいっさいできません。そんな人間の計らいを超えた大きな流れに、身を任せていくことです。

どんなに理不尽な出来事も、自分の力ではどうしようもない悩みも、やがては移ろいでいきます。その場に留まっているものなど一つもありません。いたずらにもがき苦しむことをせずに、じっと運を天に任せてしまうこと。人知が及ばないことに対しては、人間がとる術は何もありません。それを受け入れることもまた、生きるということなのです。

第5章

あなたにしかできない役割は何ですか？

僧侶は職業ではありません

「お坊さんにも定年があるのですか?」。そんな質問を受けることがあります。僧侶に定年はありません。というより、僧侶というのは職業として考えられていないのです。

僧侶というものは、戒を授かり、これを守り仏道を修行する人、あるいは、その集団ということなのです。人間が歩いていく道を説いていく。いかに人間は生きるべきか。いかにして煩悩をなくしていくか。せっかく与えられた命を全うするために、どのようなことを考えればいいのか。それを生涯かけて追究し続け、そして市井(しせい)の人々に説いていく。それが僧侶に与えられた役割なのです。

僧侶が亡くなることを「遷化(せんげ)」といいます。その意味は、僧侶は亡くなっても、次の世界に行っても、その場所でまた道を説いていく。この世での役割は終えたとしても、また次の世界で同じ役割を果たしていく。つまり僧侶にとっての死というのは、道を説く場所を移すことにすぎないのです。したがって僧侶という役割は、永遠に続くものだとされているのです。

人間は誰しも、生まれながらに与えられた役割があると私は考えています。その与えられた役割を果たすために、それぞれの職業に就いていく。一生をものづくりに従事する人は、きっと生まれながらにその役割を与えられている。本人が意識するしないにかかわらず、人は自分の役割へと導かれている。

それは職業選択ばかりではありません。たとえば多くの人を導く役割を与えられている人は、会社の経営者になったり、リーダーになったりします。人を支えるという役割をもった人は、番頭さんのような立場で仕事をしている。人を助けることが役割の人は、消防士さんや看護師さんになっているのでしょう。

では自分に与えられている役割とは何か。それを見つけることが、すなわち自分自身の人生を生きるということなのかもしれません。50歳になって、ふと立ち止まって考える。「自分の人生とはいったい何だったのだろうか」「自分はこの仕事をやってきてよかったのだろうか」「自分がやるべき役割はどこにあったのだろうか」と。もっと別の道があったのではないか。もっと他にやるべきことがあったのではないか。そんなことをつい考えてしまう年齢です。

「私はこの会社で、ずっと同じ仕事をしてきました。はたしてそれが、私にとっての役割だったのでしょうか?」。もしもそう聞かれたら、私は答えます。

「そうです。それこそがあなたに与えられた役割だったのです」と。

それは慰めでも何でもありません。同じ会社に三十年も勤める。同じ仕事を三十年以上も続ける。それは並大抵のことではありません。苦しいことも辛いことも乗り越えながらこれまでやってこられた。どうしてやってこられたのか。それは、その仕事こそが自分に与えられた役割だからです。

もしもその仕事が自分に与えられた役割でなかったとしたら、それが三十年も続くはずはありません。必ずどこかで方向転換をしているものです。

「今の仕事が嫌でたまらない。早く別の仕事に変わりたい」。そう言う人がいます。しかし、心の底から嫌だと思う仕事は、いくら我慢しても続くものではありません。文句を言いながらも続けられるということは、その仕事の中に自分の役割があるからです。どうしてもそこに役割が見出せない人は、意外とあっさり仕事を変わっているものです。

自分のやってきた仕事の中には、必ずや与えられた役割があった。そう自分を信じてあげることです。仕事がうまくいかなかったときもあるでしょう。こんな仕事は辞めたいと思った日もあったでしょう。それでもあなたは今の仕事を一生懸命に続けてきた。それは素晴らしい人生だと思います。

もしも50歳になっても、「これでいいのか」という迷いがあるのなら、その迷いを抱えたままで定年を迎えることです。そして自分自身のやってきた仕事を今一度見直してみること。現役のときには、どうしても利益を考えながら仕事をせざるを得ません。組織にいる限りそこから逃れることはできません。つまり、自分がやってきた仕事と素直に向き合っていないということです。

定年を迎えて、利益に振り回されなくなったときこそ、もう一度やってきた仕事と向き合ってみる。その中にたしかに存在している役割に目を向けてみる。そうすることで、新たな役割が見つかることもあります。

たとえば玩具メーカーで開発の仕事に従事していたとしましょう。日々、売れる玩具を開発するために努力をしてきた。ときには「これが本当に子供たちのためになるのだろうか」という疑問を抱えながらも、会社の利益のために開発をしてきた。そんな日常を送るうちに、大好きだったはずの玩具さえも嫌いになっていく。仕事とはそういう面ももっているものです。

であるからこそ、定年後には自分の思う通りの玩具をつくってみることです。お金などかけなくてもいい。子供たちが心から喜べるような玩具をつくって、それを無償で配ってあげればいい。家の部屋を開放して、子供たちを自分のつくった玩具で遊ばせてあげる。楽しそうに遊ぶ子供たちの笑顔を見たとき、きっと与えられた役割に気がつくのだと思います。

少し回りくどい話になってしまいましたが、僧侶の役割は死んでからも続いていくように、それぞれの人の役割もまた続いていくのだと思います。会社を定年になったからお終い。死んでしまったからお終い。そうではなく、ずっともち続けることのできるものを見つけることです。そしてそれは、誰もが必ずもっているものです。

50歳を過ぎたら、「自分がやるべき仕事は何か」を考えつつも、「自分が果たすべき役割は何か」をも考えることです。会社という場にどっぷりと浸かっていた自分。その片方の足を、会社以外の場所に移すことです。

時間の使い方に緩急をつける

仕事を進めていく上での時間の使い方。あるいは時間の使い方に対する意識。それは年齢によって大きく変わってくるものだと思います。

たとえば20代ならば、上司から与えられる仕事をこなしていくことに精一杯でしょう。「今日中にこの仕事を終わらせてくれ」「この仕事は今週中に完成させてくれ」。次々とやってくる指示をこなすことに必死です。自分から時間をつくるという発想ではなく、ただ時間に追われる毎日。そんな時期は仕事を覚える上で必要なものです。

そして30代になれば、少しだけ余裕がでてきます。仕事のノウハウも身についてきますので、自分で仕事の時間をコントロールできるようになります。与えられた仕事をこなした後には、自分自身で新しい仕事に取り組むこともできる。まさに会社の中の最前線で活躍する時期です。

30代を過ぎて40代に入れば、今度は部下や後輩の時間を管理する立場になってきます。仕事を与える側に移ってくる。それはまた大変なことだと思います。自分がやれば数時間でできる仕事を、部下にやらせると一日かかってしまう。それでも部下を育てるためには任せなくてはいけない。自分は時間に追われていなくても、いつも時間が足りないような気持ちになります。一番気苦労が多い時代かもしれません。

さてさて、そんな40代を過ぎて50代に入れば、多くの人は最前線からは離れていきます。現場を離れるわけではないでしょうが、それまでのように時間に追われることも少なくなります。ノウハウも身につき、キャリアも十分に備わっていますので、たとえば20代の頃には丸一日かかっていた仕事を、半日で片づけることができるようになる。当然、時間的な余裕が生まれてきます。

もしも30代、40代ならば、余裕が生まれた半日を無駄にしてはいけないと、新しい仕事をそこに詰め込もうとします。せっかく早く終わったのだから、次の仕事に取り掛かってしまおうと。最前線のビジネスパーソンとしては当たり前の発想でしょう。

しかし50代になれば、空いた半日という時間の使い方を、それまでとは変えてみることです。時間に余裕ができたからといって、そこに新しい仕事を詰め込むのではなく、あえて空いたままにしておく。次の仕事へのアイデアを生み出すために、美術館に足を運んだり、映画を観たりする時間をつくる。

一見するとそれは無駄な時間のようにも思えますが、実はそういう時間こそが仕事の質を高めたり、深めたりするのだと私は思っています。仕事の量から仕事の質にこだわる。それが50代に求められることではないでしょうか。

私のところには、たくさんの編集者が訪れます。次にどのような本を出すかという打ち合わせのためです。20代の編集者もいれば、40代の編集長も来ます。皆さんがよい本をつくりたいという思いをもって打ち合わせに見えます。仕事に対する熱意や、本づくりにかける思いは皆さん一緒です。

ところが、やはり年代によって少しの違いがあります。たとえば、打ち合わせの時間が二時から三時の一時間だとします。30代や40代の編集者は、挨拶をするとすぐに打ち合わせに入っていきます。「こんな本を書いてほしい」と一生懸命に企画の説明が始まります。そして三時になれば時計を見ながら、「では、そういうことで、よろしくお願いします」と帰り支度を始めます。もちろん約束の時間を延ばしてはいけないという私への気遣いもありますから、それは私としても助かります。

ところが50代の編集者には、とてものんびりとした時間の使い方をする人が多い。すぐには企画の話に入らず、世間話から始まります。たとえ約束の三時を過ぎても、会話が続けば時間を気にすることはありません。私が「では、そろそろ」と言うまで、じっくりと腰を据えて話をする。三十分も時間が延びることもあります。

もちろん、どちらが良いとか悪いということではありません。ただ50代の編集者は、無闇に時間を費やしているのではないのです。

無駄話をしながらも、知らず知らず企画の方向へと会話が進んでいく。そんな時間を過ごすうちに、私も新しい視点や発想が生まれてくることがあります。要するに彼らのペースにいつのまにか引き込まれているのです。

私が思うには、おそらく若い編集者たちは、三時に私との打ち合わせが終わると、四時には次の打ち合わせが入っているのでしょう。いかに効率的な時間の使い方をするか。一日にいくつの仕事をこなすことができるか。そんな仕事の進め方をするのが30代、40代なのです。ところが50代の編集者を見ていると、きっと彼ら、彼女たちは、三時以降に重要な仕事を入れていません。「この日は、枡野さんとの打ち合わせだけ」というスケジュールを組んでいる。打ち合わせに来る数日前から私の本を何冊も読んで、ゆったりとした気持ちで打ち合わせに臨んでくる。そういう時間の使い方ができるのが50代なのだと思います。

自分の生活をはじめとして、仕事にも緩急をつけることができる。ただがむしゃらに走り続けるのではなく、立ち止まって考える時間をもつことができる。そしてその立ち止まる時間の中からは、これまでには浮かんでこなかった発想が生まれてきたりもする。そう考えれば、50代からの仕事ほど面白いものはないと思います。

若い頃と同じ時間の使い方をしようとしても、それはなかなか難しい。一日に数時間もの残業をする体力もありません。同時にいくつもの仕事をこなしていくこともできはしますが、やらないほうがいい。若い頃にはけっしてできなかった仕事。そこを目指していくことです。

50代で見る社会の風景

会社で仕事をしている限り、コストパフォーマンスというものは常に問われるものです。いかに効率的に成果を上げるか。いかに会社に利益をもたらすかが常に問われている。それは当然のことだと思います。

自分の生活においても、40代まではとにかく豊かさを求めます。家族のために広い家を建てたい。新しい車が欲しい。子供たちを大学に通わせたい。形の見える欲望についい目が向いていく。それもまた仕方のないことであり、そういう時期を過ごすことも大切なことでしょう。

しかし、50歳を過ぎれば、少し視点を変えることが必要です。仕事はコストパフォーマンスで語ることはできますが、それをそのまま人生に当てはめることはできません。人生にとって大切なものは何か。それは物質やお金だけではない。物質やお金は、ある程度は幸福をもたらしてくれるでしょうが、真の幸福はそこには宿っていません。もちろん物質的な欲望をすべて捨て去るというのではなく、もう一つの幸福の基軸を自らの心にもつことです。

同僚が出世をして役員になった。それなのに自分はまだ課長のまま。会社という基軸しかもっていなければ、いたずらに同僚を羨む心ばかりがでてきます。誰かを妬む気持ちの中に、幸福な心は存在しません。

たしかに会社という基軸で見れば、同僚は羨ましいと思う。しかし、一歩会社から基軸を逸らして見れば、それは羨ましいことでも何でもありません。自分にとっての幸せとはこういうものだ。そんな信念をもつことで、他人と比較する気持ちがなくなっていくのです。

会社という場においても、二つの基軸をしっかりともっている。実は会社が50代に求めることは、そこにあるのではないでしょうか。企業にはそれぞれに理念があります。会社を創業したときから大切にしている理念があるものです。経営者はその理念を若い社員に伝えようとしますが、なかなか伝わりにくいものです。頭では理解していても、日々の仕事に追われる中で、いちいち理念を思い出すことは難しい。理念を思い出す前に、まずは実績を上げなければいけない。現場の人間にとっては、理念どころではないというのが本音でしょう。

しかし50歳を過ぎれば仕事にも余裕がでてきて、再び理念に返ることができるはずです。コストパフォーマンスばかりを考えるのではなく、本当に自分の会社にとって大切なことは何かを考える。成果を上げることだけを一〇〇%考えるのではなく、半分は会社の存在意義に目を向ける。

要するに会社の中で、利益と理念という二つの基軸をもてるようになる。それが50代なのです。そして会社は、こうした広い視野をもった50代の人間に期待をするのだと思います。

具体的にいうなら、50歳になってもなお、30代や40代の後輩と同じ土俵にいる人を見かけます。同じような視点で物事を考え、同じような言葉づかいをしている。若者の流行語を当たり前のように真似をしている。それが若者に溶け込むために必要だと信じている。それは単に迎合しているだけです。

30代のときに見える社会の風景と、50代が見るそれとは違うものです。同じ社会を眺めても、見える風景は違ってきて当たり前です。それが成長ということです。それにもかかわらず、相変わらず同じ視点で見ようとすることは、自らが成長していないことを喧伝（けんでん）することと同じだと私は思います。

僧侶の世界でも同じです。弟子がいつまでも師のことを尊敬するのは、自分はもっていない視点を常に提示してくれるからだと思います。師と弟子が禅問答をする。弟子の問いかけに対して、師は常に新しい視点と広い視野を提示してくれます。であるからこそ、そこには気づきが生まれてくる。

もしも師と弟子が同じ土俵でしか問答がなされなければ、もうその師についていく意味はなくなってしまう。であるからこそ師は、常に広い視野で考え続けなければならないのです。弟子にはない基軸をしっかりともち、日々研鑽を積んでいくこと。それが師たる者の役割なのです。

会社もまた同じ。50歳を過ぎれば、自らが師となる努力をしなければなりません。コストパフォーマンスも大事ですが、仕事とはそれだけではない。真に人生の幸福を求める上での仕事でなくてはいけない。では、その幸福とはどこにあるのか。それを考え始めるのが50代の役割です。

「仕事の幸福とはどこにあるのですか？」。部下にそう聞かれて「それは出世のためだよ。給料をたくさんもらえるようになることだよ」と上司が答える。きっと部下はそんな答えを求めてはいません。もっと本質的な答えこそを求めている。その問いに答えるだけの準備をしておかなくてはいけない。50代とはそういう時期なのです。

「仕事の幸福とは何か。人生にとって仕事とは何か」。この問いに対する答えをあなたはもっていますか。それを考え続けていますか。

「お荷物社員」と呼ばせないために

「お荷物社員」という言葉があるそうです。私も本書の担当編集者からはじめてその言葉を聞かされました。50歳を過ぎて、すっかり出世コースからは外れてしまった。第一線の仕事からも離れ、社内での存在感がなくなった人たち。利益は生み出さないのですが給料は高い。ひたすら定年退職の日まで会社にしがみついている。そんな社員を称して「お荷物社員」と呼ぶのだそうです。

何十年も会社のために尽くした結果、そんなふうに言われるのは寂しいものでしょう。私は会社の事情は詳しくは知りませんが、おそらく出世をする人というのは、ある意味では要領がいい人ではないでしょうか。

もちろん要領の良さは仕事のスピードにもつながりますから、それは評価されるべきことです。しかしそういう人は、得てして自分中心に考えていることが多い。後輩や部下を指導することよりも、自身の力量を伸ばそうと考えている。つまり人一倍、上昇志向が強い人たちです。

その一方で要領の悪い人がいます。自分の仕事を後回しにして、後輩の仕事を手伝ったり、周りの人のために残業をしたり。仕事の成果は人にあげて、結局自分の評価は低くなったりする。面倒見が良すぎて、つい自分のことは後回しにする。いわゆる「いい人」と呼ばれる人なのだと思います。

バリバリと仕事をする人だけが会社にとって必要なのでしょうか。面倒見が良い人など必要ないのでしょうか。私はそうは思いません。組織の中にはさまざまな役割分担があります。全員が部長になれるはずもないし、また全員が部長になれば組織としては機能しないでしょう。ところが今の社会では、要領の良さばかりが求められているような気がします。成果主義がすっかり浸透してしまった。それは欧米文化の悪影響だと私は考えています。

かつての日本社会は「和」をとても大切にしていました。個々人が勝手に仕事を進めていくのではなく、チームで力を合わせて仕事をしていく。一つのチームには仕事の速い人もいれば遅い人もいます。優秀な人もいればそうでない人もいます。それでも仕事のできない人をチームから追い出すことはしませんでした。たしかに仕事は遅いのですが、どこかに必ずいいところがある。その力を引き出そうと周りも考えていました。

何となくチームの中で役に立たない人。そういう人を称して「昼行燈」などと揶揄していたものです。明るい昼間には、行燈の光は必要ありません。要するに無駄なことの喩えとしていわれていました。

しかし、仕事というのは明るい昼ばかりではない。順調に行くときもあれば、暗闇の中を彷徨う状況もあるでしょう。仕事がうまくいかずにチームの気持ちが沈んでいるとき、思わぬ人が心を和らげてくれることがある。みんなの気持ちを元気にさせてくれることがある。それが「昼行燈」社員の役割でもあったのでしょう。

「夏炉冬扇（かろとうせん）」という禅語もあります。夏の囲炉裏（いろり）と冬の扇子。どちらもその季節には必要のないものです。しかし、それは必ず必要とされる季節が巡ってくる。永遠に役に立たないということなどありません。今は必要がなくても、いつかきっと役に立つときが来る。つまり、この世に無駄に存在しているものなど一つもないことを教えている言葉です。

　人間もまた同じ。必要のない人間などこの世に存在しません。すべての人が必ずどこかで役に立っている。そのことに思いを馳せることこそが、和の精神だと私は思っています。

　さて、もしも「お荷物社員」と言われる人がいるとするならば、それは自らがそう呼ばれる原因をつくり出しているのではないでしょうか。「どうせ自分はもうここまでだ」「これからは定年を待つだけ、適当に会社に行っていればいいんだ」。自分で自分のことを貶（おとし）めている。自分で自分の可能性を信じていない。そんな気持ちでは「お荷物」と言われても仕方がありません。

　何が自分にできるのか。会社の中での自分のするべきことは何か。それを常に問い続けることです。ＩＴ化が一気に進み、仕事のやり方は劇的に変わってきました。たしかに50代になってから、新しい機器の使い方を覚えるのは難しいこともあるでしょう。ならば無理をして若い人と同じことをしなくてもいいと思います。

これまで自分が経験してきたことを若い人たちに伝えていく。ノウハウなどではなく、仕事の精神を伝えていく。それはきっとこれからの人たちの役に立つものです。

たとえば、50代の人たちの親の世代は、遊び道具を自分の手でつくったものです。落ちている木を拾ってきて、自分の手で船や車をつくっていた。それがやがてはプラモデルになっていく。すでに揃えられたプラスティックの部品を組み立てるだけで、恰好のいい船をつくることができました。それが最近の若い人たちは、組み立てることもせず、完成品の船を買ってくるという時代です。昔に比べれば、その完成度は比較にはなりません。

「自分たちの時代は、自分の手で組み立てたものだ」。そんなことを押しつけても仕方がありません。そうではなく、組み立てているときの楽しさを伝えること。ノウハウを伝えるのではなく、手づくりすることの面白さを教えてあげること。仕事においても同じことです。

かつてのやり方を教えたところで、もうそれは古いものです。今ではもっと効率的なやり方があります。しかし、かつてのやり方の中には、必ずや普遍的なノウハウが隠されているものです。

仕事の質や方法は変わっても、仕事の本質は変わりません。仕事に対する熱意や思いはいつの時代でも共通のものです。その心を伝えていくことが、50代からの役割なのです。

「お荷物社員」などと呼ばせてはいけません。そう呼ばれるような自分になってはいけない。そのために、自分がやるべきことに心を尽くすことです。三十年も積み重ねてきた経験が、一瞬で失われることなど絶対にありません。それを信じることです。

未来を信じて行動をすること

「巖谷栽松（がんこくにまつをうえる）」という禅語があります。これは読んで字のごとく「深く岩だら

ろ

けの谷に松の苗を植える」という意味です。土のない岩に苗を植えたところで、なかなか育つことは難しい。ある意味では無駄ともとれる行為でしょう。

しかし、誰もがそんなことは無駄だと考えて、一本の苗も植えなかったとしたら、そこには永遠に松の木が育つことはない。後世にわたって、その地は荒れ果てたままになってしまいます。

岩に植えた苗は、おそらくは自分が生きている間には育つことはないでしょう。それでも諦めることなく、苗を植えることを次の世代に引き継いでいく。そうすることで、何世代か後には、小さな松の木がきっと育ち始める。やがてそれが松林となり、豊かな土地へと生まれ変わっていく。その未来の姿を信じて今、自分が何をするべきかを考えなさいという教えなのです。

50歳を過ぎてくれば、会社の中でも責任ある位置に立つことが多いでしょう。これまでは上司の指示だけに従っていればよかったのですが、これからは自分が指示を出していく立場になります。どちらの道に進むべきか。どちらのやり方をとるべきか。そういった判断が求められる場面が増えてきます。

Aのやり方にするか、Bのやり方にするのか。誰かに相談したいとは思いますが、周りにそういう人がいない。特に経営者などになれば、最終的には自分自身で答えを出さなくてはなりません。

どちらを選択しても、必ず反対意見はでてきます。また、自分が選択した道がうまくいかなければ、それが責任問題にもなってくる。そこで多くの人間は、目の前の損得や成功か失敗かばかりを考えることになります。目先の損得にとらわれて、性急に結論を出そうとする。まずはそのような姿勢を改めることです。

今の損得だけを考えてはいけない。もっと未来に目を向けなくてはいけません。たとえば、今何らかの選択をするとします。それは今の時点では間違っていない選択かもしれないのですが、その選択が十年後二十年後にもはたして間違っていなかったといえるかどうか。二十年後に判断しても、今と同じ判断に至るものかどうか。

たしかに社会を取り巻く環境は常に変化をしています。今の決断と十年後の決断は違っていて当たり前だと考える人が多い。しかしそれは違います。「不景気だから仕方がない」「今の会社の状況を考えれば、こういう結論を出すのも仕方がない」。これは単なる言い訳にすぎません。本当に選択すべき正しい道。それはどんなに時代が変わろうと、どんなに経済状況が変化しようと、一つしかない。それこそが禅の考え方なのです。

少し抽象的な話になってきましたが、たとえば仕事の中で何らかの判断を求められるとします。そんなときに、何を基準にして判断すればいいのか。おそらく40代までは、会社の利益を優先させる判断をするでしょう。あるいは自分自身の出世や損得も大事な判断材料になってくる。ある意味では仕方のないことです。

しかし50代になれば、もっと未来を見つめた大局的な判断を心掛けるべきだと思います。今、Aという方向を示せば、当面は部下のためになるだろう。会社の利益にも貢献できるはずだ。しかし、二十年後のことを考えたときに、はたしてこの選択でいいのか。今は苦しいかもしれないが、Bの道を選んだほうが、結局は部下や会社のためになる。今は無駄に思えるような仕事であっても、それは会社や社会にとってやらなくてはならない。目先にとらわれない、未来を見つめた上での判断。それこそが50代に求められる役割なのだと思います。

これまでとは違った、大局的な判断をする。そのために必要なのが、自らの信念をもつということだと思います。物事を判断する上での軸になるもの。それは言葉を変えれば哲学ということになるかもしれません。自分はこういう哲学をもって生きていきたい。もしもその哲学にそぐわないことがあれば、たとえ損をしてもやってはいけません。一時の損得で行動することは、すなわち自分自身の人生を誤った方向に導くことにもなるのです。

自分はどのように生きるべきか。その哲学をしっかりと身につけたいという思いで、多くの経営者が禅を学んでいます。アップルの創業者であるスティーブ・ジョブズもしかりです。彼は常に未来を見据えながら仕事を進めていたのだと思います。周りから独裁者だと言われようが、彼はけっして自分の哲学を曲げることはしませんでした。現在の利益にとらわれることなく、何のためにアップル社が存在しているのかを問い続けていた。未来にわたって社会に貢献できる会社とは何かを考え続けていました。その強い哲学があったからこそ、成功を収めることができたのだと思います。

仕事のことだけでなく、すべてにおいて未来を考えることです。自分という人間は、いつかは死んでしまう。死んでしまえば、後のことはどうなってもいい。もしもすべての人がそう考えれば、そこで未来は失われてしまう。

自分がいなくなっても、この世界はずっと続いていく。であるからこそ、後世のために役に立つ知恵を残そうとする。その思いが受け継がれてきたからこそ、禅の世界が途絶えることはなかったのです。自分の子供や孫たち、そのまた孫たちのことに思いを馳せることです。けっして会うことのない後世の人たちが、幸福に生きていけるように、一本の苗を植えることです。

第6章

後悔や不安とのつきあい方

漠然とした不安感とのつきあい方

将来に対する漠然とした不安感。誰もがそんなものを抱えながら生きている。具体的に何が不安だということもないのですが、何となく不安に思ってしまう。もしもリストラされたらどうしよう。もしもローンが返せなくなったらどうしよう。もしも老後の蓄えができなかったらどうしよう。考えれば考えるほど、その不安感は雪だるまのように膨らんでいきます。

20代や30代という若い頃には、どこかに「何とかなるさ」という気持ちがあるものです。50代の人と同じ不安を抱えていても、どこかで楽観的に考えている。

それは自信の裏返しでもあるのでしょう。もしもリストラされても、まだまだ若いから次の仕事が見つかるだろう。貯金などなくても、何とかやっていけるだろう。体力的にも自信がありますから、精神的にも余裕が生まれてくる。

ところが50歳を過ぎれば、なかなか同じようには思えません。「何とかなるさ」という前向きな考え方が生まれてこない。「何ともならない」とつい思ってしまう。すべてのことに消極的な考えが入り込んできますから、それらが集まって大きな不安感となるのでしょう。

20代も50代も、私は同じだと思います。20代であるからいくらでも仕事があるというわけではありません。50代であるから再就職がまったくできないというこでもない。それは個人的なことでしかありません。現実的には20代も50代も同じ。そうであるのに若いというだけで不安は大きくならない。要するに不安というものは、心のもち方次第ということなのです。

さて、不安感につきまとっているものとして、執着心があります。手に入れたものを手放したくない。今の生活を壊したくない。今の会社にずっといたい。それらはすべて執着心から生まれているものです。その執着心から解き放たれたとき、漠然とした不安感からも解放されるものです。

たとえば家を買ってローンを組みます。会社の業績が悪くなり、ボーナスが減ってくる。このままで行くと、家のローンが返せなくなる。そうなれば、せっかく手に入れた家を手放さなくてはいけない。もしもそんなことになったらどうしよう。頭の中はその不安感でいっぱいになってきます。

ローンが払えなくなれば、家を手放せば済むことです。ただそれだけのこと。家族で狭い借家にでも引っ越しをすれば、それでいい。また収入が増えたときに家を買えばいい。家を手放したところで、命までとられることはありません。家族みんなが元気でいれば、家があろうとなかろうと何も関係がない。形あるものに執着することで、不要な不安感をつくり出す必要はないのだと思います。

「本来無一物（ほんらいむいちもつ）」という有名な禅語があります。人間はみんな、何ももたずに生まれてきます。まったくの無一物の状態でこの世に生まれてくる。そして同じように死を迎えるときも、何ももっていくことはできません。再び無一物の状態で旅立つ。これが仏教の基本的な考え方です。

仕事を失った。家を手放した。もう自分には何も残されていない。まさにゼロになってしまった。それはたしかに辛いことでもあります。それでも、生きている限り、前を向いて歩き出さなければなりません。

ゼロになったということは、生まれたときの状態に戻っただけのこと。またそこから始めればいいだけのことです。失ったものに執着し、それをいつまでも嘆くより、これから何を得ていくかに目を向けること。「何とかなるさ」という言葉には、そんな意味が含まれているのだと思います。「何とかしてやろう」。そういう気持ちがでてきたとき、もう過去への執着心は消えているものです。

そしてもう一つ、不安感というものは常に未来の中に存在しています。それは過去や現在の中には存在しません。たとえば何かの不安をもっているとします。そしてその不安が現実のものとなった。そんなとき、その不安感はなくなっているもの。

つまり、不安が目の前に実際に現われれば、人は一生懸命にそれと闘おうとします。闘っている瞬間に不安を感じている暇などありません。ひたすら一生懸命に目の前のものと闘っている。そして人間には、闘う力が備わっている。そのことを信じてください。

たとえ未来に不安があっても、いざそれが現実になれば、自分には闘う力が備わっている。そう信じて生きることです。

ただし、その不安が現実にならないようにする努力は怠ってはいけません。本人にとってはリストラされたらどうしよう。そんな不安感を抱えているとします。本人にとっては深刻な不安でしょう。しかし、起こってもいないことに怯えていても仕方がありません。びくびくしながら仕事をしていても、けっして成果は生まれないでしょう。

未来のリストラに怯えるのではなく、現在の仕事に集中することです。やるべきことをしっかりとやり、余計なことを考えずにひたすらに努力をしていく。「もしもそうなったら、そうなったときのことだ」「こんなに努力している自分を、リストラできるものならしてみろ」。それくらいの気持ちで毎日を生きることです。

過去にこだわらず、未来にあれこれと不安を抱かず、今という現在を必死になって生きている。そんな人間を会社は手放すことはありません。おそらく会社が必要としないのは、現在の仕事にも努力をすることなく、来てもいない未来に怯えるだけ。不要な不安を勝手に生み出して、その不安の海の中で溺れている人間だと思います。

漠然とした不安感に打ち勝つ方法。それは、頭で考えてばかりいるのではなく、行動に移すことです。一生懸命に仕事に打ち込んでいる人間には、不安感が入り込む隙間は生まれないものです。

曖昧にしておくという知恵

良いか悪いか。正しいか正しくないか。好きか嫌いか。禅では、こうした二者択一の考え方をしません。善かれと思うものの中にも悪い部分がある。正しいと信じたものにさえ、もしかしたら間違っているところがあるかもしれない。すべてが好きということなどありえないし、その反対にすべてが嫌いだと思う心も実はありません。

物事をどちらか一方に決めつけるのではなく、どちらも受け入れようとする柔らかな心をもつこと。それが人生を生きるための知恵だと教えているのです。

物事を二者択一で捉えようとするのは欧米の文化です。たとえばアメリカ合衆国などは多民族の人間が共に暮らしています。土台となる文化も違えば、価値観や習慣も違っている。そういう人たちがうまくやっていくためには、ある程度物事をはっきりとさせなくてはなりません。常に正しいものとそうでないものとをはっきりさせておく必要がある。はっきりとさせておかなくては成り立たない社会なのです。

そんな欧米社会から見れば、日本人はとても曖昧に映ります。自分の意見をはっきりと言わない。自己主張をすることもせず、他人任せにしている。いつも曖昧さの中で物事を解決させようとしていると。しかし、そんな曖昧さこそが、日本人が育んできた人生の知恵だと私は考えています。

宗教の世界で見れば、古来の日本というのは神道でした。八百万（やおよろず）の神様がそこここに宿っている。その象徴としての神社がありました。ところがその日本に、中国から仏教がやってきた。おそらく欧米であれば、古来の神道を守るために、仏教が入ってくることを阻（はば）んだでしょう。それが高じて宗教戦争に発展したと思います。

しかし日本人は、そこで何とか争いを避ける手立てはないかと知恵を絞りました。いかにすれば古くからの神道と新しく渡ってきた仏教が共存できるか。そこで考え出されたのが「本地垂迹説（ほんじすいじゃくせつ）」というものです。

これは「仏教でいうところの仏様というのは、日本では神道の神様となって現われた」という解釈を生み出したわけです。その代表的な存在が「権現様」です。つまり「権現様」とは、仏様が神様になった化身であると。苦し紛れというか、何とも曖昧な存在を生み出したわけですが、この「権現様」の存在こそが双方の争いを生まない歯止めとなったのです。

現実に明治に入るまでは、神社とお寺は共存していたものです。たとえば有名な箱根権現などは、箱根神社とすぐ近くのお寺が共存したものでした。あるいは日光にしても、東照宮と輪王寺が共存しています。また、寺院の中には「神宮寺」という名前がつけられたお寺があります。

それはまさに「神様」と「仏様」が共存していた証拠に他なりません。自分がどの宗教を信じるのか。どの宗派に属するのか。そんなことを決めつけるのではなく、みんなが心の中に「権現様」をもっていればいい。違う宗教を信じる人を排除したり、敵対したりすることは、それこそ本末転倒である。曖昧にすることで、不要なぶつかり合いを避ける。そんな知恵を日本人はもっていたのです。

さて仏教の話はこれくらいにして、曖昧さというものについて考えてみましょう。

たしかに仕事を進めていく上では、曖昧にしてはいけないこともたくさんあります。どちらか一方に決めなければならないこともある。決めなければ仕事が進まないということもあるでしょう。それらは適切な根拠に基づいてはっきりと決めていけばいい。ただし、その中にはあえて決めなくてもいい事がらもあるような気がします。今すぐに結論を出さなくてもいいものもあります。無理をして結論を出すことで、かえってうまくいかないこともあります。特に煮詰まった仕事などは、少し脇に置いておくほうがいい。その間に周りの状況も変わりますし、自分自身の考え方も変化するかもしれない。決める「時」を待つこともまた大事な決断ではないかと私は思います。そんな余裕をもてるのが、50代ではないでしょうか。

結論をあえて出さないで、曖昧にしておくこと。それがもっとも求められるのが人間関係です。人と人との関係は物差しで測ることはできません。どちらか一方に色分けすることなどできない。いや、それをしてはいけないのです。

たとえば好き嫌いというのは誰にでもあります。特に明確な理由などないのですが、何となく好きな人もいれば苦手な人もいるものです。その心にある好き嫌いを明確にしないことです。もしも嫌いな人に対して、「私はあなたが嫌いだ」と言ったならば、その時点でその人との人間関係は壊れてしまう。もちろん関係を切りたいと思っている人も中にはいるでしょうが、そういう人に対してもわざわざ縁を切るようなことをしないほうがいい。互いに嫌いだと感じ合うような仲であれば、その縁は自然に遠のいていくものです。そのときまでは、何となく曖昧にしておくこと。それが人間関係の摩擦を生まない知恵です。

また、もしかしたらその嫌いな人と仕事をすることになるかもしれません。そして仕事を一緒にしてみれば、意外と良い部分が見えてくるかもしれない。あえて曖昧にしておくことで、人づきあいのストレスもなくなるものです。

まして50歳を過ぎれば、好き嫌いや損得だけで人間関係を捉えないことです。部下や後輩に対しても、感情的には好き嫌いはあるでしょう。優秀な部下もいれば、そうでもない部下もいます。しかし、それを単純に比較して色分けするのではなく、両方の良い部分に目をやることです。

優秀な部下とそうでもない部下。それはけっして二極分化ではありません。突き詰めて考えれば、そこにはたいして大きな差がなかったりするものです。優秀な部下にも欠点はありますすし、そうでもないと思っていた部下にも長所はたくさんある。色眼鏡を外して、一人ひとりの人間をよく見てあげること。その姿勢こそが、人間としての「徳」をつくりあげるのだと思います。

人間関係とは、それ自体が曖昧なものです。人間の心は常に移ろいでいる。昨日の自分と今日の自分はまた少し変わっている。もちろん相手も日々変化を遂げている。自分で自分の本心が見えなくなることもあります。つまり、人間の心そのものが曖昧なものなのです。曖昧な人間同士が向き合っているのですから、そこに明確な答えや結論があるはずもない。わざわざ結論を出す必要もない。それくらいの気持ちをもつことが大事なのです。

曖昧さというのは、いいかげんさとは別のものです。また優柔不断とも違う。曖昧さとは、人生を生きやすくするための知恵です。後ろ向きの曖昧さではなく、前向きの曖昧さを身につけていくこと。その知恵を身につけることで、50歳からの人生は変わってくるのです。

両親への想い

自分が50歳を過ぎてなお、両親が元気でいてくれる。それはとても幸せなことだと思います。高齢になり、多少は身体が不自由になっていても、ともかく会うことができるのですから、その時間を大切にすることです。たとえ今は元気でいたとしても、老いは確実に忍び寄っています。今年の夏には元気だったとしても、来年の春にはどうなるかは分かりません。両親が生きているうちにこそ、心残りがないような孝行をすることです。

就職や進学などを機に、故郷を離れる人がたくさんいます。実家に帰れば両親に会えるのですが、なかなか訪ねる機会がありません。仕事の忙しさや子育てに追われている中で、しょっちゅう帰ることもできない。それは仕方のないことですが、できる限り顔を見せてあげることです。

親にとっては、いつまで経っても子供は子供です。たとえ50歳になろうが、我が子に対する愛情は何も変わりません。いつも子供のことを心配し、遠くから子供の幸せを祈っている。自分の身体が動かなくなってもなお、一生懸命に子供の世話をしようとする。我が子が帰ってくると知れば、前の日から買い出しに行き、好物のおかずをつくってあげたいと思う。家に帰ってきても、たいして話もしない息子。何を聞いても生返事を繰り返すだけの息子。それでも、息子の顔さえ見ていれば幸せな気持ちになる。それが親心というものです。

出張などで、たまたま実家の近くに行く。少し遠回りをすれば、一時間くらいは顔を出すことができる。それでも忙しさにかまけて、実家に寄ることをしない。つい面倒臭くなってしまう。そんなことも多々あるでしょう。

「また来る機会があるだろう」と実家に寄ることなく帰ってしまう。「また来る機会がある」、もしかしたらそれは、数年後のことになるかもしれません。「また会えるだろう」、もしかしたらそれが叶うことなく親が旅立ってしまうかもしれない。そんなときに、人は後悔の念に襲われます。「あのとき、行っておけばよかったな」「ちょっと遠回りをしてでも母の顔を見ておけばよかったな」。後悔先に立たずです。

亡くなってしまった両親に対する後悔。それは誰もが抱えているものです。「あのとき、もっと優しくしていればよかった」「あのとき、あんなことを言わなければよかった」。小さな後悔を思い出すたびに、父や母の笑顔が浮かんでくる。子供がどんなに反抗しようが、どんなに我儘を言おうが、いつも愛情を注いでくれる親。その思い出を前に、子供たちは後悔をするのです。

いっさいの後悔などない。そんな人はいません。みんなどこかで両親に対する後悔の念は抱えています。それは仕方のないこと。「ありがとう」の言葉を言えなかった後悔を、ずっと抱えている人を私は知っています。傍(はた)から見ればそれはたいしたことではないかもしれませんが、本人にとっては一生小骨のように心に突き刺さっているのでしょう。

だからこそ、せめてそんな後悔を少なくしていく心掛けをもつことだと思います。大きな親孝行など親は望んでいません。海外旅行に連れていってほしいとか、高価な贈り物が欲しいとか、そんなことを親は望んでいません。ただ、元気な顔を見せてくれさえすれば、それが一番の贈り物なのです。

50歳を超えれば、少しは時間的な余裕がもてるでしょう。出張のときに遠回りするくらいは許されるでしょう。子育ても一段落していますから、休日に一人で実家に帰るくらいの余裕はあるはずです。家族で帰省するにはお金もかかりますが、一人分ならたいしたことはありません。旅費がもったいないから実家に帰らない。そんな理由をもち出してはいけません。数万円の旅費をケチることで、大きな後悔を生むことになるかもしれない。両親が旅立ってしまったら、どんなにお金を積んでも、二度と顔を見ることはできないのです。

ある経営者が、母親の思い出をエッセイに書いていました。進学を機に都会にでてきた彼は、自ら会社を興して成功を収めました。経済的にも裕福になり、母親への仕送りも十分にしていました。あるとき成功を収めた彼は、運転手つきの車で実家に帰りました。ほんの一時間ほどの滞在でしたが、母親はすぐに彼の好きだった煮物をつくってくれました。母の手づくりの総菜は、どんな高級料理よりもおいしかった。

あわただしく帰ろうとする息子に母は走り寄りました。そして息子の手に、皺くちゃになった千円札を握らせたのです。「これでおいしいものを食べなさい」と。まるで高校生の息子に渡すくらいのお金です。これが母親の愛情なのです。

それから半年後に、母親は旅立ちました。母親が亡くなってからも、彼はずっと、母が握らせてくれた、皺くちゃの千円札を大切に財布の中に入れているそうです。そして、その千円札を見るたびに、彼は後悔の念に襲われると言います。「あのとき、仕事を調整してでも、一晩泊まればよかった」と。

そして、母親の仏壇の引き出しからは、一通の預金通帳が見つかりました。それは息子名義のもので、これまでの仕送りがすべて貯金されていたそうです。母親の愛とはそういうものです。そしてその愛は、どんなに時代が変わろうが、けっして揺らぐものではありません。その両親の愛に応えること。精一杯育ててくれた両親に感謝の気持ちを表すことです。両親の顔が見られるうちに。

入るお墓がありますか

50歳からお墓のことを考える。それはまだまだ早いし何となく縁起が悪い。ついそのように考えがちですが、実は50代だからこそ考えておかなくてはならない問題だと私は考えています。

お墓を取り巻く状況は変化してきました。一昔前ならば、ほとんどの人は先祖代々のお墓に入ることが決まっていたでしょう。長男夫婦ならば先祖代々のお墓を守り、次男や三男ならば、先祖代々の墓の隣に新しく建てたりしたものです。そうすれば、親族がみんなでお墓を守ることができました。自分の両親の墓参りをするときに、一緒に隣にある叔父さんのお墓にも花を供える。お盆やお彼岸に放っておかれるお墓などありませんでした。

ところがここ数年、お盆になっても荒れ果てたままのお墓が増えてきたように感じます。他のお墓はきれいに掃除されて、お花がたくさん供えられている。その中で、ひっそりと荒れ果てたままのお墓があったりする。その風景はとても寂しく、心が痛くなるような思いになります。

お墓を守ってくれる人がいなくなってきたのです。その理由はいくつかあるでしょう。もう歳をとって、自分の足でお墓参りに行くことができない。子供たちに頼もうとしても、遠く離れて暮らしているので、わざわざ呼び立てることもできません。あるいは子供がいないという人もいるでしょう。また、生涯独身であれば、自分がお墓に入っても、そこに花を供えてくれる人は誰もいない。もう死んだ後のことは関係ないと言いつつも、やはりどこかで寂しい思いを抱いているのではないでしょうか。

自分が入るお墓があるか。それはとても大切な問題なのです。先祖代々のお墓は生まれ故郷にある。しかし、もうそこには親族がほとんどいない。誰も守ってくれる人はいない。もしもそんな状況であるならば、やはり早いうちからお墓を移す算段をしておくことです。

また最近では、夫婦で一緒のお墓に入りたくないという人も増えてきました。本来ならば夫婦は共に入るのが良いとは思いますが、中には自分の両親のいるお墓に入りたいと言う女性もいます。

その気持ちは尊重してあげるべきだと私は思います。現実的には、お姑さんと同じお墓に入るのは嫌だと思っている人もいることでしょう。死んでもまた、お姑さんと一緒なのか。そう考えただけで憂鬱（ゆううつ）になってくる。そんな気持ちで生きていくことはしんどいことです。

このように、お墓を取り巻く環境はどんどん複雑になっています。それぞれがいろいろな思いを抱えている。では自分はどうしたいのか。田舎にある先祖代々のお墓に入りたいのか。夫婦だけで新しいお墓を建てたいのか。死んだ後は夫婦が別々になってもいいのか。少しずつでいいですから、そういうことを考え始めることです。そして夫婦でお墓について話し合うことが大事なのです。

そんな話は定年になってからゆっくりと考えればいい。ほとんどの人はそう考えているでしょう。しかし、60歳や70歳になってから考え出すのでは遅い。歳をとればお互いに頑固になっていきますから、双方が我を通そうとします。まとまる話もまとまらなくなる。結局は話し合うこともやめて、成り行き任せにしてしまう。それでうまくいくのであればいいのですが、大抵の場合、うまくいきません。「私はあなたとは一緒のお墓には入りません」と妻に宣言される。「そんなことは許さん」と感情的になっていく。こういった夫婦を何組も見てきました。

であるからこそ、客観的に判断ができる50代にこそ、お墓の問題は解決しておくことです。実行に移すのは60歳を過ぎてからでもかまわない。しかし、青写真だけはつくっておくことです。

もう一つ私が提案していることがあります。それは、生前に戒名をもらっておくということです。戒名は亡くなってからつけてもらうもの。そう信じている人が多いようですが、実は江戸時代の後半までは、生前に戒名をつけてもらうことが普通に行われていたのです。今でも地方によってはこれを実行している場所もあります。

考えてみれば、亡くなった後で戒名をつけられたとしても、自分はそれを見ることはできません。まして最近では、ほとんどつきあいのない僧侶がつけるわけですから、家族が見ても何となくその人にそぐわないように感じたりもします。

戒名はお墓に刻まれて、長きにわたって残っていくものです。数百年後の子孫が戒名を見て、このご先祖様はきっとこのような生き方をしたのだろう。そんなふうに想像したりする。それはその人の人生の象徴でもあります。

私も一年に数人、生前戒名をつけてほしいと頼まれます。そんなときには、余裕をもって時間をとって、その人が歩んできた人生をじっくりと伺うことにしています。どんな仕事をされてきたのか。社会に対してどんな貢献をされてきたのか。そしてどのような人となりなのか。私なりにその人のことを理解し、その上で戒名を二つ考えます。一つしか提示しなければ、もしかしたら押しつけのようになってしまうかもしれません。僧侶から提示された戒名を断るにも遠慮が働くでしょう。ですから二つの戒名を考えて、どちらかを選んでもらいます。

私が生前戒名を授けさせていただいた人の中に、まさに50代の男性がいました。もちろんまだまだ現役で、第一線でお仕事をされています。健康で若々しい人です。特別に信心深いというわけでもありません。それでもその男性は、将来のお墓のことをしっかりと決めて、その上で生前戒名までつけました。その男性が私にこう言いました。

「これで安心して、これからの人生を思いっきり生きていくことができます」と。

そうです。その男性は、死ぬことを前提に準備をしたのではありません。自分が死ぬことなどこれっぽっちも考えていません。彼は、これからの人生を豊かに生きることを前提に行動に移したのです。

自分が入るお墓をしっかりと考えておくこと。それは亡くなった後のことを考えているようで、実はこれからの人生を豊かにするためのものです。前向きに生きていくために考えることなのです。

お寺が取りもつ縁

今から数年ほど前に、私が住職を務める建功寺に永代供養墓をつくりました。もしも自分が死んでしまった後に、誰もお墓を守ってくれる人がいないとしても、私ども僧侶が永代にわたってご供養をさせていただく。お寺が存在する限り、その永代供養墓はなくなることはありません。

この永代供養墓については、積極的に宣伝をしたわけではありません。それでも口コミなどで、興味をもつ人たちが見学に訪れます。夫婦二人でお見えになる方もいます。自分たちには子供がいない。先祖のお墓も遠くにあるので、いっそのこと二人で永代供養のお墓に入ろうか。そのような思いでいらっしゃいます。

その中でも多いのは、一人で生きているという人たちです。50代までずっと独身を通してきた。一人っ子だから、両親が亡くなった後には、三人を永代供養してほしいと。あるいは結婚しても離婚をしてしまったり、若くして連れ合いを亡くされた方もいます。

いずれの人も、自分が死んだ後のことを心配して見学に訪れるのでしょう。

そんな方々の姿を見ていて、私は自分ができることを探し続けていました。単に永代供養をするだけでなく、皆さんが元気で生きている今、お寺としてできることはないものだろうか。

そこで思いついたのが、お寺という場を通しての縁結びです。永代供養墓の見学にいらっしゃる。もちろん一人で来るわけですが、そこには同じ境遇の人がたくさんいます。同じような悩みを抱えていたり、同じような不安感に苛まれている人がいる。そうであるならば、そんな人たちを一つのご縁で結ぶことができるのではないかと。

お墓に関する悩みや不安というのは、あまり会社などで話すことはできないでしょう。あまりにもプライベートなことですから、同僚とはいえ相談することも憚られます。もしかすると、両親や兄弟にさえ言いにくい人もきっといるはずです。それでも、お寺という場で同じ境遇の人に出会えば、素直に悩みを言い合えるかもしれない。そして悩みを打ち明け合うことで、心に溜まっていたものがすっきりとするかもしれません。

お寺という場には、世間にはない風が流れています。境内に一歩足を踏み入れたら、もうそこでは社会的な地位や、損得勘定などは関係がなくなってしまう。社会生活で身につけている鎧を脱ぎ捨て、一人の人間同士として向き合うことができます。そんな環境の中で、もしかしたら新しいご縁が生まれていくかもしれない。そのお手伝いをすることができないだろうか。私は今、そんなことを考えているのです。

たとえば「縁の会」という一つの会をつくろうと思っています。永代供養墓を見にきた人たちが、自主的に会合などを開いたりする。素直な気持ちで互いに向き合い、悩みを打ち明け合ったりする。あるいはお墓が結んだ縁ですが、それが楽しい趣味の会に発展してもかまわない。もしかしたら、そのご縁を通して生涯のパートナーが見つかることもあるかもしれません。「縁の会」ですから「縁会」だということで、お酒を酌み交わすこともけっこうなことです。現実の生活では築きにくい人間関係が生まれるかもしれない。

考えてみれば、かつてのお寺は縁を取りもつ場でもあったのです。その地域に暮らす人たちは、いつもお寺に集まっていました。子供たちは日が暮れるまで境内で遊んでいました。ときに僧侶が子供たちに勉強を教えることもあった。これが「寺子屋」です。

仕事を終えた男が集まってきて、賑やかに酒を酌み交わすこともあったでしょう。農家の人たちは、自分が育てた作物をもち寄って、おすそわけをしたりしていた。悩みがあれば僧侶が真剣に相談にも乗っていた。そして災害などに襲われたら、ともかくお寺に避難をしてきたものです。お寺にさえ行けば、温かな食べ物がある。畳の上で、みんなで寄り添って眠ることができる。お寺はいつでも、地域の人たちにとって安心できる場だったのです。村の縁の中心ともいうべき存在だったのです。

最近では、お寺の敷居が高いものになりつつあります。檀家でもなければ、何となく境内に入りにくい。元日のお参りに行くのがせいぜい。僧侶と話をするのは葬儀のときくらいです。お寺がだんだんと暮らしの中から離れていく。それは私ども僧侶にとっても寂しいことです。

もう一度、お寺というものを地域社会の中に根付かせたい。私はそういう思いで、「縁の会」をつくりたいと考えています。

永代供養墓を見にきた人。坐禅会に参加をしてくれた人。ふっとお寺に立ち寄ってくれた人。そこには必ず、温かなご縁があるはずです。そのご縁を温かく見守りながら、少しずつ育んでいってほしい。私が永代供養墓をつくった本当の意味は、そこにこそあるのかもしれません。

親を看取るということ

現在の日本では、九五%の人が病院で死を迎えるといわれています。

一昔前の日本では、家族に見守られながら自宅で息を引き取るのが普通でした。また誰もがそれを望んでいた。慣れ親しんだ自宅の部屋で、子供や孫に看取ってもらいたい。最後に、愛する家族の顔を目に焼き付けて旅立ちたい。握ってくれる手のぬくもりを感じながら。たとえ病に苦しんだ末の死であっても、そこには最後の幸福感が宿っていたのだと思います。

ところが今では、その最後の望みがなかなか叶いません。子供たちは離れた土地に暮らしています。また、親の介護をしようにも、部屋が狭くてとても引き取ることはできない。そうした現実的な理由から、多くのお年寄りは病院や施設に預けられることになります。

もちろん親が病院にいることは安心でもありますが、やはり会いたいときに会うことはできません。深夜に会いに行くこともできませんし、会社に出勤する前の早朝に顔を出すこともできない。施設なども同じようなことでしょう。すると自然と足が遠のいていきます。「また今度の日曜にでも行こう」と思う。

若い頃には、一週間などあっという間に過ぎるものです。忙しさの中で時間はどんどん過ぎていく。一週間後のことなど、ほんの翌日と同じような感覚です。しかし、子供の面会を待っている親にしてみれば、その時間は永遠にも感じるものです。

自宅にいれば、毎日子供が帰ってくる気配が感じられます。話などしなくても、「ああ、帰ってきたんだな」と思うだけで安心して眠りにつくこともできます。最後は自宅で旅立ちたいと願うのは、家族の気配を感じながら旅立ちたいという思いなのです。

さまざまな理由から、親を自宅で介護できない。それは仕方のないことですが、せめて最期のときには傍(かたわ)らにいてあげることです。だんだんと弱っていく親の手を握りながら、そのぬくもりを精一杯感じること。徐々に意識は朦朧(もうろう)としてくる中でも、「これまでありがとうね」という言葉をかけてあげてほしい。「もう意識はありません」と医師は言いますが、子供の声はきっと親には聞こえている。感謝の言葉は必ず届いている。私はそう信じています。

そうして親が最期を迎えたとき、子供ははじめて死を実感するものです。人間は一〇〇%死ぬ。それは頭では理解していても、どこかで現実的でない。50歳を過ぎればさまざまな病にかかることもあるでしょうが、それでも自分が死ぬことなどこれっぽっちも考えてはいません。しかし、親の死を目の当たりにしたとき、人ははじめて自らの死と向き合うものなのです。「次は自分の番だな」と。

死が現実味を帯びてくる。それは恐ろしいことでも何でもありません。現実味を帯びてくることが、恐怖心につながるということではない。死を実感することは、すなわち生を強く意識することでもあるのです。

「お前もこうして最後には死を迎えるんだぞ」。先立つ両親が教えてくれるのはその真理です。次は自分の番がやってくる。であるからこそ、それまでの人生を大切に生きなくてはいけない。一日一日を一生懸命に生きなければいけない。与えられた人生に感謝の気持ちをもちながら、日々を一生懸命に生きること。これこそが、親が子に遺す最後で最高のメッセージだと私は思っています。

たしかに、自宅で親の介護をするのは大変なことでしょう。まして認知症にでもかかっていれば、どんなに尽くしても通じることはない。「ありがとう」の一言も言ってもらえない。いくら自分の親とはいえ、疲れ果ててしまうこともあると思います。

それでもなお、私はそこに何らかの意味があるように思います。いくら認知症になり、何も分からなくなったとしても、その人が生きていることには必ず意味がある。変わり果てた自分の姿をさらけ出すことで、何かを子供に伝えようとしている。

「認知症だから、何も分からない」と周りは言います。本当にそうでしょうか。たしかに記憶が失われたり、理解力がなくなったりすることはあるでしょう。しかし、「分かる」ということはそれだけではない。人間は頭だけで生きているのではありません。

どんなに頭がボケたとしても、心までボケることはない。子供がどんな仕事をしているかが分からなくなる。それどころか、子供の顔さえ忘れてしまう。

それも現実でしょう。しかし、子供の手のぬくもりはけっして忘れることはありません。幼い頃に一生懸命に握ってきた子供の手のぬくもり。それは頭ではなく心が覚えている。心の記憶がきっと覚えている。私はそう信じています。

そして、もう一つ信じていることがあります。それは、どんなに病に苦しんでいても、死を迎える瞬間には安らかさが訪れる。どんなに認知症が進んでいたとしても、死を迎える瞬間には、すべてのことを思い出している。まるで走馬灯(そうまとう)のように、これまでの楽しい人生を思い出している。目の前にいる子供たちの顔がはっきりと見えている。死が訪れる瞬間に、仏様がくれる贈り物です。

親をしっかりと看取ってあげてください。それは親のためだけではありません。自分自身がそれから先の人生を歩いていくためなのですから。

幸せはどこにある

戦後の高度経済成長を経て、日本人の暮らしは物質的には豊かになりました。便利で高価なものに目を奪われ、それを手にすることで幸福を実現させせようと走り続けてきました。また欧米の成果主義が当たり前のようになり、成果を得ることだけに生きがいを感じてきた。まだまだこの傾向は続いているように思います。

いったいどれほどまでのものを手に入れれば、私たちは満足するのでしょうか。いったいどれほどのお金をもてば、幸せだと感じることができるのでしょうか。欲望に支配された人間の心は、その限界を知りません。止めどなく溢れる欲望に縛られ、ただそれを満たすことが幸せへの道のりだと信じている。それがどれほど虚しく、不幸せの種になっているかに気づかなければなりません。

50歳を過ぎれば、せめてそんな空虚な幸福観から逃れることです。お金がたくさんあることが幸せだ。会社の中で出世することが幸せだ。そんな考え方に縛られながら生きてきた。それを追求することこそが幸福なのだと自分に言い聞かせてきた。

一度立ち止まって考えてみることです。本当に自分自身は、お金さえあれば幸福なのだろうか。出世をすることが幸福なのだろうか。お金こそが幸福の証だ。そう考える人もいるでしょう。そういう人のことを私は否定しません。出世することにだけ人生の意味を感じている人を否定することはありません。なぜなら私自身は、自分が信じる幸福こそが幸せだと信じているからです。

他人がどう思ってもかまわない。もっといえば、他人と私は違う人間なのですから、その幸福観が違っているのは当たり前のこと。要するに、私は誰とも比較をしないで生きているということなのです。

幸せを語るとき、つい人は自分と誰かを比べようとします。自分のほうが給料が高いから、あの人よりも幸せだ。自分のほうが先に部長に昇進したから、彼よりも幸せだ。手を替え品を替えて、幸せの基準をつくり出そうとします。しかし、幸せに基準などというものはありません。もしあるとすれば、その基準は自らの心の中にある。自分さえ幸福だと感じることができたら、他人が何と思おうとそれこそが幸せになる。そんな当たり前すぎることとさえ、欲望の海を前にして忘れてしまっている。現代社会とはそういう危うさをもっているのです。

他人の幸福観に振り回されないことです。他人と比較して、自分の幸せを見失わないことです。50代からは、そういう生き方を見つけなければならないと私は思っています。

「どうすれば幸せになれますか」。ときにこんな難しい質問を受けることがあります。もちろん聞くほうにしてみれば真剣な気持ちでしょう。そんなとき私はこう答えます。「幸せになる一番の方法。それは、自分は不幸せだと思わないことです」と。

「どうしてあなたは不幸せだと思うのですか？」と反対に質問すれば、「お金がないからです」「仕事が見つからないからです」などという答えが返ってきます。

たしかにお金がないことで困ることもあるでしょう。仕事が見つからなければ困るでしょう。しかし、それが不幸せなことだとは思いません。困ることと不幸せだということは、また別のことだと思います。困っていることがあれば、それは努力をして解決していかなければなりません。お金がないのなら、自分の力で稼ぐ手段を考えなくてはならない。仕事も一生懸命に探さなくてはならないでしょう。しかし、それがすなわち不幸せなことではけっしてない。

もしお金が入ってくれれば、そこで幸せになるのですか。仕事が見つかりさえすれば、あなたは幸福感に包まれるのですか。そうなればなったで、また不満が襲ってくるのは目に見えています。つまり、いつも現状に不満をもち、誰かと比較ばかりしている人は、不幸の種を探すことが趣味みたいなものです。私はこれを「不幸思考」と呼んでいます。

早く「不幸思考」から抜け出して、「幸福思考」に心を切り替えること。誰かと比べることなく、会社が勝手につくった基準に惑わされることなく、自分自身が感じる幸せを大事にしていくことです。

人生にはいろいろなことが起こります。良いことも悪いこともある。思い通りにいくこともあれば、なかなかうまくいかないこともあります。毎日のように起きる小さな不幸の種。そんなものにいちいち目を向けていれば、それこそ不幸だらけの人生になってしまいます。それよりも、毎日起きる小さな幸せに目をやることです。

朝、目を覚ます。窓からは心地よい風が流れ込み、鳥のさえずりが聞こえる。そんな幸せを体中で感じることです。今日も元気に生きている。それこそが人間にとっての最高の幸福です。そして誰もが、幼いときには感じていた幸福です。その幸せをもう一度思い出してみること。それが50代からの幸福感にきっとつながっていくはずです。

著者紹介

枡野俊明（ますの　しゅんみょう）

1953年、神奈川県に生まれる。曹洞宗徳雄山建功寺住職、庭園デザイナー、多摩美術大学環境デザイン学科教授。玉川大学農学部卒業後、大本山總持寺にて雲水として修行。禅の思想と日本の伝統的な考え方をもとに庭の創作活動を行ない、国内外より高い評価を得る。庭園デザイナーとして、芸術選奨文部大臣新人賞を初受賞。外務大臣表彰、カナダ総督褒章、ドイツ連邦共和国功労勲章功労十字小綬章など、受章・受賞多数。

PHP文庫　50歳からは、好きに生きられる

2022年４月18日　第１版第１刷
2022年６月20日　第１版第２刷

著　者　枡野俊明
発行者　永田貴之
発行所　株式会社ＰＨＰ研究所
東京本部　〒135-8137 江東区豊洲5-6-52
PHP文庫出版部　☎03-3520-9617（編集）
普及部　☎03-3520-9630（販売）
京都本部　〒601-8411 京都市南区西九条北ノ内町11
PHP INTERFACE　https://www.php.co.jp/
組　版　朝日メディアインターナショナル株式会社
印刷所　大日本印刷株式会社
製本所　東京美術紙工協業組合

ISBN978-4-569-90206-7